遼、走る
石川少年マスターズへの道

目次

2008年12月、日本シリーズ。横尾要、デビット・スマイルとプレー

DAVID
SMAIL
GOLF5

第6章 無名の十五歳の少年 104

第7章 凱旋第一戦ラプソディー 120

第8章 二〇〇八年前半戦 149

【カバー・本扉写真提供／ヨネックス株式会社】
【本文写真撮影／著者】

マスターズ用に石川遼が使用するアイアンとドライバー

2009年1月の記者会見。ヨネックスのニューモデル発表会。女子プロの若林舞衣子と

プロローグ

石川遼は十七歳にして高校二年生のプロゴルファーである。今年（二〇〇九年）三月十二日、夢であったマスターズに旅立った。

ゴルフは非常に孤独なスポーツで、それ故に厳しい自己管理が求められる。どこかの大臣のように酒と薬で体調を崩していたら、明日の命はない。明日ばかりか、永遠にない。なぜなら、ゴルファーは体力をつくり、頭脳を明晰にし、気力を養い、礼儀作法を弁《わきま》えて生きなければならぬ世界だからである。

しかし、いったんゴルフ場で戦うとなれば、そこは戦場に等しい。四日間の長い戦いになる。マラソンは二時間半前後の戦いだが、ゴルフは男子で四日間、時間にして九十六時間の戦いだ。

その間に食事、睡眠、休養、打ち込みなど、一日四時間の戦いのため、万全のコンディションを整える。それは孤独で、苦しい。だが暗雲の向こうに朝陽が顔を出すのを信じて明日に向かって進む。それは恋人からの手紙を待つ心境と似ている。その手紙を暗く受け止めるか、楽しく受け止めるかは本人次第で、そのために、男は戦い続ける。

十六歳の石川遼少年は、二〇〇八年一月十日、そうした厳しいプロの世界に身を置いた。一番遊びたい年齢なのに、狼の群れに飛び込む羊のように、自ら選んで行った。

ゴルフ記者三十八年の間に、私は感動的なプロゴルファーに接してきた。それぞれの歴史を持った人たちである。常に弛《たゆ》まぬ努力を積み重ね、点と線で描いたイメージのボールを打つことに全精力を傾けた男たちである。彼らの中には、使い過ぎて怪我をし、ツアープロ界で生きてゆけない体になった者もいる。

また歳とともに視力と体力が衰え、一線を退いた者もいる。昔といっても今から三十七、八年前では「競技プロの生命は四十五歳」と言われた。四十五歳を過ぎると四日間は戦えない。戦っても下位どまりである。賞金王になった者ほど苦しむ。

だがクラブとボールが、ルール規定内で制限されたものとはいえ、選手生命を伸ばしてくれる。六十を過ぎても石川遼少年の師匠の一人ジャンボ尾崎は、「あと現役十年」と私に心境を語ったことがある。事業に失敗して何もかも失ったスーパースターの再起に賭けた心境を、である。だから彼はシニアツアーには出ない。

私がアメリカシニア、日本のシニアに出てみては？　と提案しても、彼は眼の前できれいなグリップをつくり、それをジーッと見詰めていた。それが彼の答であった。

遼のもう一人の師匠の青木功もまた、体力をつくり、名人技で戦い続ける。彼は特にスコットランド人に人気が高い。あの絶妙な5番アイアンのランニングアプローチは世界一で、セントアンドルーズのギャラリーからはオリエンタルマジックと賞賛された。

十歳の頃の遼にスクエアグリップを続けることで、両親にゴルフができることの感謝の心を教えた師匠の一人中嶋常幸は、シニアとレギュラーの二つの舞台で戦い、そして今年も明晰で流暢な、視聴者と心を合わせるマスターズのテレビ解説者をこなす。

石川遼はこうした先輩たちのアドバイスを形にする才能の持ち主である。それは彼自身の志が高いから自然に身につくものと思う。だから「少年よ、志を持て」と言いたい。人は苦しい時ほど、志に近づいている。ただそれに気づいていないだけである。叶わぬ夢に近づくことであり、それは小さな一歩から始まる。

父親の石川勝美さんと息子の遼は、ゴルフを富士山の登山に譬《たと》えている。富士山への道は人それぞれ色々な登り口があるが、ゴルフで頂上に登る夢を、この家族は、小さな線を上に引き上げながら努力している。石川遼のマスターズは、マラソンに譬えればスタートに立ったばかりである。これから本戦である。

この本は、少年プロ石川遼のマスターズまでの道を、色々なデータで描いた応援歌である。同時に『バーディは気持ち』(石川勝美著)、『学校一番ゴルフ二番』(宮里優著)を手にとられることをお勧めしたい。

第1章 師匠との出会い

小さな記録

石川遼少年の名前がジュニア選手権の記録に載るのは、二〇〇五年の日本ジュニアゴルフ選手権で七位タイに入った時である。

しかしこの頃の石川少年には、誰一人注目しなかった。同じ世代で優勝した少年が二連覇の偉業を達成したからである。その他の選手の活躍は、たとえ280ヤードのロングドライバーを放っても評価されなかった。理由はチタンドライバーという新兵器でほとんどの中学生が驚くほどの飛距離を出していて、大人たちはむしろ上達の可能性よりも、結果を求めていたからである。

石川少年も、三十二名の出場選手の中の一人でしかなく、マスコミの眼にも触れなかっ

2008年8月、福岡ＫＢＣオーガスタ

た。こういう筆者も毎年、日本ジュニア選手権を観戦取材した一人だが、プレスルームではは石川少年は数多いジュニアの中のアナザーワンに過ぎなかった。しかしその少年が、それから二年後、正しくは一年と九ヵ月後の男子プロツアーで劇的なバンカーショットを打ち、初優勝するとは想像もしなかった。

ちなみに、石川遼少年の名が日本ゴルフ協会の二〇〇六年『JGAゴルフ年鑑』に記録されたスコアは、初日2アンダーの70で三位タイ。だが二日目は5オーバーの77と大崩れした。

場所と時間は、二〇〇五年八月十八日と十九日の二日間、猛暑、無風下の埼玉県の名門、霞ヶ関CCで行なわれた。こんな名門コースをラウンドするのは石川少年にとって初めてのことである。

この時に優勝したのは沖縄県の中学三年生、前栗蔵（二〇〇八年にプロ転向）で、初日は石川少年と同じ70だったが、二日目は3アンダーの69で回り、石川少年と8打差も開いた。

この年の日本ジュニア選手権に優勝したのは十五歳から十七歳（高校・一般）の部が鹿島学園三年の伊藤勇気、十二歳から十五歳の部が前栗蔵俊太、女子は十五歳から十七歳の部が原江里菜（東北高三年）、十二歳から十四歳の部が竹村真琴（京都学園三年）である。

ジュニア選手権が注目され、また将来はプロを目指すようなブームの引き金になったのは、沖縄の宮里兄妹の活躍からである。

二男宮里優作が日本ジュニア中学の部（当時）で初優勝したのは一九九四年で、優作は沖縄県国頭郡東中学二年生だった。この年、高校の部優勝者は近藤智宏（東京学館浦安高二年）である。

このジュニア大会は翌年の大会からJGA主催になり、世界ジュニアルールが適応され、中学・高校の部制から年齢制に変わった。理由は高校生でなく一般の子供でも十七歳までなら誰でも出場できるよう、出場枠を広めるためだった。

これは世界中、ゴルフはやるが、高校に行けない子供がいるからで、特にアフリカ、南アメリカ、アジア地区が多かった。世界ジュニアは、底辺を拡大したい狙いがあったからであり、制度を変えている。

しかし、その後に問題が起きた。

たとえば沖縄県の地区予選会の段階でトラブルが発生した。沖縄県のジュニア大会女子中・高校の部で、それまでは中学の部、高校の部と分かれて、合計三名が九州大会に出場していた。

ところが宮里藍は沖縄予選会で三位になって、中高一名の枠に入れず九州地区予選会に出られなくなった。

中学一年生と高校三年生では実力の差は明らかである。全国大会は十二歳から十四歳、十五歳から十七歳の二部制で行なわれていたが、九州予選会のみが突然、「沖縄は女子一名」と圧縮され、宮里父娘の不信をかった。

しかし、この時の宮里家への説明不足が、逆に宮里家を結束させた。父親の宮里優さんは失業中であったが、妻豊子さんの月給、祖母の恩給の中から五十万円を借りてサンジェゴの世界ジュニア大会にエントリーして出場し、十三歳以下の女子の部で五位に入って表彰された。

公式の日本代表選手は他にも九名が出場していたが、フリーで飛び込んだ十三歳の宮里藍とＪＧＡ派遣の公式メンバー九名とは、すれ違うどころか、会っても挨拶を交わす機会もなく、宮里父娘は別行動で帰国する。

日本ジュニア選手権は登龍門

ＪＧＡ主催の日本ジュニア選手権は日本アマ選手権や日本オープンへの登龍門である。中学の部で活躍すると、私立高校への推薦入学となるケースも多い。

野球なら甲子園出場高校にスカウトされるようなもので、日本独特の慣習である。またその高校に入り、地区大会や全国大会、最終的にはＪＧＡ主催の日本ジュニア大会十五歳から十七歳の部で優勝及び上位のベスト十位ぐらいに入ると、大学への推薦入学が決まり、授業料免除、経費大学持ちという特待生となる。

日本では、残念ながら「学業は二の次」という、歪んだ特待制度である。学校側からすれば広告塔のようなもので、学校の知名度を上げる狙いがある。

その点アメリカの大学のゴルフ部は、まず学業が良くてゴルファーとしても人格、人望ありとなって奨学金制度が適用される。

レギュラー選手を決める際は、ハンディキャップが3以上とか、成績を見て決定される。筆者の友人はハンデが4より上に行けなかったばかりにレギュラー選手からはずされ、ゴルフ部への入部を断念した。

しかし、人生はどう変わるものか分からない。彼はアメリカで日本語を勉強し、日本のタイヤ会社に就職し、後《のち》にナイキジャパンにスカウトされ、ポートランドの本社に転勤した。

小学四年、ジャンボ尾崎にもらったサイン

この十年以内、ジュニアが注目されるが、引き金は沖縄の宮里兄妹の中でも、宮里藍及び同期生、その前後のジュニアの活躍が大きい。彼女らのほとんどがプロに転向し、現在はトッププロになっている。

石川遼少年がまだ小学校低学年の頃のジュニア界は、男子高校生では宮里優作、谷口拓也、池田勇太、高山準平、市原弘大がいた。女子では高校生に宮里藍、横峯さくら、三塚優子、佐伯三貴、中学生になると有村智恵、諸見里しのぶ、服部真夕、上田桃子、原江里菜などがいて、後に女子プロに転向して第一線で活躍している。

石川遼は、この頃、父親の勝美さんに伴われて、二〇〇一年の日本オープンを初めて観戦している。

二〇〇一年は、日本でゴルフが始まって百年目というので、特別な大会だった。舞台も埼玉県の名門、東京ＧＣに移して行なわれた。この大会にはゴルフのメッカであり、ルールを決めるスコットランドのＲ＆Ａの首脳陣も招かれ、18番グリーンサイドのロイヤル席で観戦している。

石川遼は小学四年生の秋で、まだ十歳だった。

この大会にアマチュア十五人を含む百三十二名の有資格者が出場した。四日間とも秋晴れの天気に恵まれた。ＮＨＫのトーナンメントディレクターや解説者の金井清一プロたちは、試合が終わった後も、また翌朝は五時頃からピンポジションをチェックするなど、入念な下調べを行なった。

前回、東京ＧＣで開催されたのは十三年前で、雨にたたれ、またグリーンの芝を新品種の芝に張り替えたものの、雑草が混じっていて抜芽するなど不運だった。やむなくローラーをかけてグリーンを固め、辛うじて大会を開催した。

優勝したのはジャンボ尾崎だった。激しいイップスに悩み、最終グリーンで二度も仕切り直してパットを沈めて優勝している。

六十六回目の日本オープンは十三年ぶりに東京GCに戻るが、これ以上の芝の生育とコンパクション（硬さ）、速さを求めるのは不可能というほどに完成されたグリーンで行なわれた。

初日トップを走ったのは66を出した佐藤信人で、1打遅れて友利勝良、そして石川遼がKSBマンシングウエアで最終日に同組でプレーした立山光広である。

二日目は首位が入れ替わり、予選通過ラインのスコアは5オーバー、147ストロークまでとなった。石川遼が見に行きたいと父親に頼んだお目当てのジャンボ尾崎は70・73の2オーバーで辛うじて予選をパスしていた。

石川親子が、おむすびと飲み物をリュックに入れて観戦に出かけたのは最終日である。晴天に恵まれ、車をギャラリー用の駐車場に停め、そこから親子はコースへ歩いた。

父親の勝美さんは二〇〇八年に出版した『バーディは気持ち』の中で、この日のことをこう書いている。

「実際のプロトーナンメントを観戦したのは二〇〇一年十月十一日から東京倶楽部で行なわれた日本オープンが始めてであった。当時小学四年だった遼のお目当ては尾崎将司プロ。

最終日の朝、尾崎プロがスタート前の練習を終えてパッティンググリーンへ向かおうとしているときだった。

『頼んでみれば』

と言うと、遼は恥ずかしそうに帽子を差し出し、

『サインしてください』

と声をかけたのだ。通常、スタートの前では失礼な行為であるが、尾崎プロは帽子を受け取り、サインして『ハイよ』と遼に手渡した」

十歳の少年は、この日、父親とは別行動をとった。一日中、ジャンボ尾崎の組について歩いている。

最終日のギャラリー数は一万人を越えていた。そのうちの半分近くがジャンボ尾崎の組を取り囲んだ。

実は筆者もジャンボの組について歩いた一人である。15番グリーンを終えると17番グリーンの方へ歩くグループと、16番の打ち上げホールの右サイドのロープの外、反対に左側のロープサイドを、17番グリーンを見ながら歩くが、どちらも人混みで大変だった。

小学四年生の石川少年は、大人たちに押されながら歩いていたかと思うと、大変だったろうと思う。

多分に、われ先にロープ際に立ち、ジャンボ尾崎のティーショット、セカンドショット

を見ただろう。筆者はこの日、沖縄から応援にきていた宮里優・豊子さんに会って優作の様子を聞いた。優さんは嬉しそうに、

「優作が片山プロに勝ちました」

と、小さな声で報告してくれた。

「そうか。あの優作がトッププロに勝ったか」

筆者も嬉しくなって、一緒に歩いた。

最終日の10番ホールだった。優作のボールが右ラフに飛んで行った。それを見た母親の豊子さんが、一目散にロープの外に駆けて行った。息子のボールがロストにならないように、見届けに行ったのである。

その頃、石川勝美さんは、18番グリーンサイドのギャラリースタンドに腰かけ、18番ホールを上がって行く選手たちを見ている。もちろん技術を見ていたことは想像するまでもない。

その一方で、息子の遼がどこにいるか、気がかりだった。無事に歩いているだろうか。大人たちに押し潰されていないだろうかと気を揉《も》んだ。

ジャンボの組が18番ホールの第二打地点にきた時だった。大人たちに混じってロープ際を帽子をかぶって歩いている遼を見つけた時、安堵した。大人たちの胸の辺りしかない遼は、ジャンボの一打一打、歩く姿、そしてショーマンとしての派手な姿に見とれていた。

十歳の少年は、この時からスーパースターの要因とは何か、を感じ取っていたのだろう。彼は中学に入ってからウエア・ズボン・サンバイザー、さらにベルトに至るまでコーディネートに凝り出すが、この原点は、ジャンボ尾崎を見た時にあったと想像する。

今、ゴルフ界ならず、日本中の教育界も大人たちも、石川遼という少年に救われているが、この日、父親の勝美さんが十歳の遼を連れて行き、また本人の希望を叶えて一人にさせてジャンボ尾崎を追っていなかったら、また変わったことになっていたかもしれない。「親は子供の目線に気づけ」とは言わないが、親は高いところから見守り、行動する勇気も必要である。

息子の遼と合流した勝美さんは帰りの車の中で、感想を聞いた。遼少年は、

「お父さん、やっぱりジャンボは凄いよ」と言った。

「どこが凄かったんだ」と聞くと、

「ギャラリーの数が凄いよ」

と十歳の少年らしい感想を語っている。

父親の勝美さんは、本の中でこの時のことをこう書いている。

「それが、尾崎将司プロのプレーを目の当たりに見ての遼の感想であった。私はもちろん、技術的な何かを感じて欲しかった。今思えば、ゴルフのスーパーヒーローから得たものは、正直オーラであったのだろう。その帽子（サイン入り）は、今もビニール袋に入れ保管し

てある」

あえて言えば、全英オープンは十六歳以下の子供は無料で観戦できる。また市民は半額、老人はさらに安い料金設定にして、ゴルフを観戦できる環境を、昔から設定し、広報している。だから一日四万人の人が観戦にくる。

しかしわが日本では、子供も老人も大人も一緒くたの高い料金をとる。文部科学省傘下の社団法人にして、戦前と変わらない体質である。

中嶋常幸から教わった感謝の気持ち

福島県と茨城県の県境にある五浦《いつうら》庭園カントリークラブ（CC）は、中嶋常幸プロの父親・中嶋巌《いわお》が設計した東松苑ゴルフクラブの姉妹コースで、平成二年に開場した。

スパルタ教育で長男・常幸を鍛え上げた父親の巌は、終戦を二十歳で迎えた軍国青年だった。それだけに子供への躾《しつけ》は厳しかった。話している時に目線が離れると、

「オレの眼から離れるな！」

と怒鳴る前にゲンコツで殴った。まさに旧陸軍式の躾《しつけ》である。

本人はプロを目指していただけあってハンディキャップゼロの腕前であった。ゴルフ用具では色々な特許をとり、クラブメーカーや練習場と取り引きして家の生計をたてていた。

代表的なものに、バケツ式ボール入れ箱がある。バケツ状の箱の中はラセン状になっていて、一個打つたびにボールがゴムのティーの上にコロッと出てくる。その他、色々な特許をとるなどアイデアマンだった。

息子と娘をプロゴルファーにさせようと、長男が小学五年の時から手取り足取りで指導した。大人のクラブを短く切って子供用につくり、早朝暗いうちに父親と一緒に、母親のつくった「おにぎり」とお茶を持って、大田のパブリックコースに出かけて親子でラウンドしている。

朝食は、クラブハウスが開く前に、駐車場に停めた車の中でパクついた。玄関が開き、ライトが点《つ》くと「待っていました」とばかりに車から降りた。バックを担ぐとクラブハウスの中で受け付けをし、親子でラウンドした。

体力をつけるために、夕食の前には古タイヤを曳かせて足腰を強化したり、ダラダラと練習をしていると怒ってクラブを取り上げ、目の前で燃やしたり、夕食抜きにしたりした。すでに経済力はなく、軽井沢での日本アマチュア選手権に出場した時は、群馬県桐生の家から、横川を抜け危険な碓氷《うすい》峠を越えて会場の軽井沢72まで往復した。片道三時間である。

ほとんどの選手は軽井沢のホテルに泊まっていたが、中嶋親子は、朝四時に起きると真っ暗いうちに車を出し、夜は夕方に軽井沢を出て九時頃に帰宅している。それを、練習ラウンドも含めて八日間、通い続けた。

最終日、息子の常幸は山崎哲選手と同スコアになり、サドンデスのプレーオフにもつれた。18番でバンカーから30センチにつけてパーを決め、十八歳で初の日本アマに優勝する。

ところが、すでに父親は息子のために全財産を売り尽くしていた。家の中からタンスが消えたり、応接セットがなくなったりしていた。売り尽くして食べるものさえない夜もあった。

中嶋常幸がプロに転向しようと決めたのには、ボール二個とパター一本しかなくなった父親の姿を見てからである。彼はプロを目指して練習し、半年後に合格するが、長男の常幸はそれまでの両親の苦労を一番知っている。

石川遼が五浦庭園CCでの中嶋常幸ジュニアスクールに参加したのは、遼が小学五年生の時で、まだ身長が1メートル20センチほどの少年だった。

中嶋常幸は前年の二〇〇二年に、狭山CCでのダイヤモンドカップで七年ぶりに優勝したばかりだった。

父親との死別以来、余りのショックから立ち直れなくて低迷していた。彼の場合、群馬県藪塚の、練習場付きの実家を、妊娠している妻との新しい生活に入るため、深夜、素足にパジャマ姿で家出して以来、師匠だった厳父や母と別れて独り立ちの道を歩んでいる。

それもたて続けにマスターズと全英オープンに惨敗した後、帰国したわけである。国内戦でも予選落ちして帰った夜から次の試合まで、夫婦でありながら別々の部屋で寝かされる、という中嶋家の慣例に反発しての、両親との決別であった。

このため母親の死、続く父親の肝臓ガンでの急死に立ち会えなくて、「ボクは母や父親に愛されていただろうか」と、懺悔《ざんげ》と自問自答の日々が続いていた。

一九九五年五月のフジサンケイは川奈の富士コースで行なわれた。この大会は父を亡くした一年後の優勝だったが、彼の自問自答はこの後から続いた。試合の先々では、父の亡霊ではないが、「オヤジに愛されていただろうか」と頭を抱え、悩む日々が続く。

妻の律子に誘われて、成田市近くの教会に行ってお祈りしたのもこの頃からである。しかし、初めのうちは救われなかった。成績は予選落ちが続く。ちなみに成績の方は一勝して十一位だったが、翌年は十八位、九七年は四十三位、九八年は四十六位、九九年は八十一位まで落ち、生まれて初めてシード権を失った。

二〇〇〇年は百十六位でドン尻に近い。この頃、新潟での試合で予選落ちした彼は、家族との連絡を断ち、日本海の沈む夕陽をいつまでも見詰め、スケッチをしては心を癒《いや》した。「オレの人生は終わりだ」と悲観し、死も考えたことがあった。

どん底を味わった中嶋は、神への祈りと感謝の心を持ち続け、気を直して戦い続けた。クラブも替え、パターも長尺ものに思い切り替えて二〇〇二年のシーズンに入った。

その年の五月、狭山ＣＣでの三菱ダイヤモンドカップで、彼は立ち直った。72ホール目の第二打は不運にも左のラフ。彼はそこから難しいアプローチを仕切り直し、柔らかく出した。

そのアプローチが寄り、七年ぶりの復活を果す。

だが、その年の秋は、妹の恵利華が乳ガンという大病を患った。太平洋マスターズの最終日は、妹の恵利華が手術する日である。彼は、この優勝を「兄ちゃんの優勝する姿を見ると元気が出る」と励ました妹や家族のことを思い出して、スタートして行った。

そして18番のパットを決めて優勝した。

小学五年だった石川遼少年は、テレビ中継でこのシーンを父親と一緒に見ている。だからジュニアスクールが五浦庭園コースであるのを知り、参加した。

中嶋常幸はそのジュニアの中に、眼をキラキラさせて聞く石川遼少年を見ている。話をすると、前に出て、瞬《まばた》きもせず中嶋常幸の唇を見ていた。

スイングのことを教えると、分からないところを質問する。向上心に燃えていた遼は、中嶋の足の使い方、ボールをインパクトする瞬間からフィニッシュまで眼で追った。

ジュニアスクールは一緒にラウンドし、その場でチェックし、ボールを打たせる。マナーやスイング理論を、子供たちに分かりやすく説明した。

その頃の中嶋常幸は、長い苦悩の末、神に救われ、毎朝起きると神に祈り、夜は感謝の言葉を述べる求道者の一人になっていた。

彼が愛読したのは聖書だった。

試合中も聖書を持って行き、宿泊先では聖書を読み、そしてイエスキリストに感謝の意を伝える。だからでもないが、彼のジュニア指導も、慈《いつく》しみを持って接している。自ずと、彼の心も子供たちに伝わっていた。

中嶋は他のジュニアにも公平にレッスンしてやった。中でも中嶋は、石川遼のインターロッキングのグリップをチェックした。スクエアにさせると、

「初めは曲がるかもしれないが、続けることが大切だよ」

と教えた。

その後で、レッスンが終わった頃、

「みんないいかい。ゴルフができることに感謝しなさい」。それから「お父さん、お母さん、ありがとう！」と、子供たち全員に言わせた。

この時のことを、石川遼少年は鮮明に覚えていて、常に周囲の人たちに、感謝の気持ちを抱くようになった。

第2章　それぞれのスタート

子供が伸び伸びと暮らせる環境を

石川遼の両親は埼玉縣信用金庫勤めの銀行員で、同じ信用金庫で共働きだった。職場結婚で、結婚当初は東武伊勢崎線沿線の駅に近い三階建てのアパートに住み、通勤していた。三階建ての二階に住んでいて、上と下の階の住人に気をつけながらの生活だったが、遼がお腹にいる時、子供ために住環境が必要と決意して、現在の松伏町郊外の新興住宅をローンで買って移り住んでいる。

父親の勝美さんは自著『バーディは気持ち』の中で、動機をこう書いている。子供を育てる父親の決意が籠《こ》められていて感動的である。

「私は妻が身ごもったことを知ると、すぐに子供のための環境を最優先する家探しに動き

始めた。子供が、誰に気兼ねすることなく、自由に走り回れるだけの広さがある庭が付いた一戸建て。それ以外は考えられなかった」

また、こうも記す。

「子供には伸び伸びと暮らせる住環境が絶対に必要だと考えた。衣食足りて礼節を知る、というが、そこには『住』も含まれるはずだ」

「便利を求めれば、私たち夫婦のローン計画では、せいぜい敷地面積三〇坪以下が限界である。子供が走り回れる庭がある一戸建てなど論外であった。信用金庫で住宅ローンを扱っていた私だから、そんなことは十分に承知していた。それでも私は庭だけでも三〇坪はある家が欲しかった。（中略）そのためには〝便利〟を犠牲にするしかない、というのが私たち夫婦の結論だった」

駅からバスで二十分といえば、かなりの遠隔地である。

住宅都市整備公団が水田地帯を宅地開発したのは、遼が生まれる一九九一年で、それも抽選である。バブル期の高額販売だった。不便ではあったが思い切って応募し、幸運にも抽選に当たったった。

信用金庫のサラリーマンにはとても組めるローンではない。両親から援助を受け、住宅ローンを組むという、今も当時も変わらぬサラリーマンの住宅事情である。

石川家は庭を菜園にした。遼がヨチヨチ歩く頃、思い切ってつくったものがある。それは三十坪の庭の片隅に芝を張り、パットができるグリーンである。ゴルフをする世の父親たちなら、身に覚えがあるだろう。

どんなに小さくとも、パットができるグリーンがあれば、ゴルフをする父親は子供にも教えたくなる。石川家でも、父親の勝美さんは接待ゴルフに年五、六回の割り合いで、参加していた。

趣味はゴルフとカメラ、油絵、釣、旅行、それに競馬と多彩である。競馬はギャンブルの方ではなく、「競馬文化」に惹《ひ》きつけられた。競馬ファンぶりは、本人の著書によると、「ハンパではなかった。なにしろ日本全国の競馬場の殆《ほとん》どすべてに足を運ぶほどの競馬ファンだった。この馬に勝ってほしい、と馬に惚れ込んで馬券を買うタイプだった」とある。

しかし、惚れた馬のみ買うので、配当を得ることはなく、何度も痛い目に合ったという。全国各地を、惚れた馬の優勝の瞬間見たさに、出かけているから、独身時代は相当にお金を使ったと想像する。

競馬ファンには二つのタイプがあるそうだ。一つは、配当狙いで大穴狙いの馬狂い。こちらは賭博タイプ。当たる馬券なら何でもいいタイプ。従って馬の血統も競馬史も知らない。

もう一つは、競馬を文化と見、歴史から血統を十代先まで調べ、その馬に惚れ込むタイプ。

石川勝美さんは後者のタイプで、競馬に関するミステリー小説など多くの本を読んでいる。

「こんにちの競馬はギャンブル化されて困る。その母馬、父馬、さらにその先の血統を追い求めるとおもしろい。イギリスでの競馬史を読むと、馬が好きになる」と筆者に話したことがあるが、結婚前は馬を追っていた。

北海道へ新婚旅行に出かけた時は、函館競馬場を日程に入れたほど馬が大好きである。しかし遼が生まれてからは、お金のかかる趣味はすべて断《た》った。たまに有馬記念の馬券を買い、テレビ中継を楽しむ程度である。

高い住宅ローンを抱えた石川家では、節約生活のさなか、長男遼にプラスチックのクラブを買い与え、一緒に遊ぶ楽しみが増えた。もっともプロゴルファーにならせる目的からではない。あくまでも家族全員で楽しむためのもので、いわばゴルフごっこだった。

そのうちに、大人のパターを短く切って、遼専用のパターをつくっている。そのパターで近くの無料の遊園地にあるパターゴルフに出かけたりしている。

遊園地の人工芝の上では、祖父が遼の短いパターでパッティングしているところを立って見ている遼の写真がある。祖父のパットを、正面に立って真剣に見ている姿から、すでにこの頃から見て学ぼうとする向上心が窺《うかが》える。

ブームをつくった青年尾崎将司の再起

日本で家族ゴルフを楽しむ、という環境が広まったのは昭和五十年頃からである。ゴルフトーナメントがテレビ中継され、優勝者が当時一千万円という賞金を手にする光景を見るようになったからだった。

もっとも影響を与えたのは、尾崎将司ことジャンボ尾崎である。元西鉄ライオンズの投手だった尾崎は、入団三年後に退団してプロゴルファーを目指した。

できるものなら、そのまま福岡に住み、プロテストを受けて、プロトーナメントに出場して優勝してやろうと考え、西鉄グループのゴルフ場、福岡CC和白コースに研修生として入った。

当時、研修生といっても、キャディーのアルバイトをしながら、お客さんが帰った後で練習するという非社員だった。

ところが、球団を退《やめ》た尾崎に対して西鉄側は冷たかった。尾崎がクラブハウスの裏のキャディーマスター室にいるのを見た西鉄の役員の中には、

「あいつが何でこんなところにいるんだ。福岡から追い出せ」

と圧力をかける者もいた。その声が当の尾崎自身の耳に入り、彼は和白への出入りをやめ、他のゴルフ場に職場を捜した。

しかし新しいゴルフ場に行っても、またも圧力がかかる。ついに彼は福岡に居辛くなり、宏池会という政治団体の人を介して、東京・北青山に本社がある日東興業の松浦政雄社長の面接を受けて採用になる。

彼はすでに結婚していて、妻義子は身ごもっていた。その妻を福岡に残しての転身である。その時は単に採用試験ぐらいと思い、キャディーバッグと着替えの衣類を入れたスポーツバッグのみだった。

ところが、彼はそのまま習志野CCの薄井茂支配人の車に乗せられ、およそ習志野とは程遠い千葉県印西郡の車で三時間先のゴルフ場に連れて行かれた。

自称独身でないと採用されないと思っていたので、習志野CCの研修社員にされても、独身で通した。

このため、二十二歳の彼は裸電球が一個ぶら下がった暗い六畳間で寝起きした。今まで投手としてマウンドに立ったスターの身を、夜はタヌキが出る1番ホール横の寮に泊まり、翌朝は六時に起床して若い研修生やキャディーたちと食事し、練習場の打席を掃除してお客を待った。

彼の仕事は練習場の管理と球拾いである。お客が打ち終わったボールをかき集め、箱に入れて、翌朝のお客に出せるように準備する。

ボール集めは今日《こんにち》のように機械ではなく、一個一個手で拾い集めた。仕事は単調だが、大変辛く、これまで何人もの従業員が辞めていった。

しかし尾崎将司は、プロゴルファーになるために耐えた。月給は当時二千円。そのほとんどを福岡の妻子に仕送りした。

「尾崎義子という名の女性の手紙がたびたび届くので、おかしいなと思った。姉か妹からの手紙ぐらいしか考えられなかった。後で隠していた女房からの手紙と知った時は、驚いたね。そしてこの男はやるね、と男惚れしたもんですよ」

当時の薄井支配人が筆者に語ったことがある。その後、「支配人は大功労者ですね」と誉《ほ》め称《たた》えたものである。

その尾崎は、一年後にプロテストに合格し、半年間のプロ研修を受けて夏の関東プロゴルフ選手権に初出場した。

薄井支配人によると、入社した時から練習の虫で、練習場では独り黙々とボールを打ち、ボールを集めをすると今度は練習グリーンでパットの練習、さらには薄暮になって、キャディーバッグを担いで打ち込んでいた。

プロ合格してからは正社員扱いとなり月給も増えた。間もなくして船橋市内にアパートを借り、そこに妻子を呼んで初めて親子の生活が始まっている。

プロになってからは毎朝毎晩、パットを練習している。グリーンにいない日はないくらいだった。またお客が帰った後は、研修生と一緒にキングコースを回り、腕を磨き、翌年の五月、日本プロ選手権で初優勝する。

このデビュー二年目は日本プロのほかに日本対抗、ゴルフダイジェスト、瀬戸内サーキット、日本シリーズなど五勝を挙げた。

三年目の一九七二年はウイザード、札幌オープン、千葉オープン、日本シリーズなど国内戦で九勝、海外一勝の合計十勝した。当時は今日のように賞金ランク制はなく、誰が一位だったか記録がない。しかし、わずか二十試合しかない頃の五勝、九勝は間違いなく賞金王だったと断言できる。

その尾崎は、当時日本航空のジャンボジェット機にちなんで、その飛距離の長さからジャンボというニックネームがつけられた。本人も気に入って、自分のことをジャンボと呼んでいた。

そのジャンボの出場でゴルフは大衆化され、ゴルフブームが起きる。現在五十歳以上の父親たちのほとんどがこの頃からゴルフをしている。遼君の父親、勝美さんも、またその一人だった。

中には丸山茂樹の父親に限らず、息子をジャンボのようなプロゴルファーにさせようと、子供の頃から練習場に連れて行って指導した父親も多かった。

丸山茂樹は子供の頃、テレビで見るジャンボを見てプロになろうと決めた一人である。

他にも片山晋呉、横尾要ら現在四十歳以上の男子プロたちは、賞金が稼げるプロゴルファーに憧れた。沖縄の友利勝良のように研修したり、また金のある家の息子をプロ近道の日大ゴルフ部に入れたりした。

石川遼にゴルフを教えた中嶋常幸の場合も、父親に勧められてゴルフの道に進んだ一人である。

今は十七歳の石川遼がプロに転向して、海外ツアーへの道を歩く。大きな流れとしては尾崎、青木、そして少し後に中嶋常幸や倉本昌弘、湯原信光、友利勝良らの時代がある。それから十年後に、丸山茂樹、横尾、谷口、片山らの世代が出てくる。これはジャンボブーム下に、父親らに教わった子供たちである。

平成生まれの石川遼たちは、ジャンボブーム時代から数えると、四代目になる。昭和から平成生まれの世代プロの出現というのも、時代の流れを感じさせられる。

宮里三兄妹のゴルフへの道

沖縄県の国頭郡東村平良は、沖縄の北部で、沖縄戦では南部ほどの戦災は受けていない。むしろ南部の人たちの中には、米軍が上陸すると知って、北部へ疎開した人たちもいた。

戦時中は、米軍の掃討隊が国道沿いに生き残った日本軍を追いつめ、銃撃戦になったが、住民の被害は少なかった。

しかし戦後、米軍が駐留すると、沖縄中部と北部に基地をつくる。通貨も日本に返還される昭和四十七年までは米ドルで、教育も英語と日本語だった。

宮里三兄妹の父・優さんは高校を出ると内地の東京・新宿に出て代々木の予備校に通い、医大進学を目指した。ところが伯父が県会議員になると秘書に起用され、進学を断念して沖縄に戻った。そのまま県職員となり、後に東村役場の教育委員会に勤める。

ゴルフを覚えたのは昭和五十年、二十九歳の県職員時代。子供が生まれると一緒にプレーしたくて、長男が三歳の時に教えた。

沖縄の宮里三兄妹の場合は、石川家よりも十年ほど前になる。

長男の宮里聖志は一九七七年生まれで一九九九年にプロ転向、弟の優作は一九八〇年生まれ。石川遼がジャンボ尾崎について歩いた二〇〇一年の日本オープンの時は、東北福祉大学四年でベストアマとなった。その翌年の二〇〇二年春にプロ転向した。

妹の宮里藍は一九八四年に生まれ、二〇〇四年九月にプロ転向し、宮里家は三兄妹のプロ誕生として注目された。

従って、ジュニア時代にはすれ違うことはなく、石川遼が日本ジュニア七位タイに入った年の日本女子オープンで、宮里藍が初優勝している。

宮里家で最初にゴルフをしたのは三兄妹の母の豊子さんである。豊子さんも県職員で、恋愛中にゴルフを優さんに教えている。優さんはいきなり練習場に連れて行かれ、思い切り振った第一打は空振りだった。

優さんは元々スポーツマンで中学、高校時代は野球、バレーボール、陸上競技と、一通りこなした。

負けず嫌いな優さんは、「宮里がゴルフをやっても上手《うま》くならないサ」と言われたことに腹を立て、猛練習した。朝は仕事に行く前に一時間ボールを打ち込んだ。夕方は仕事が終わった後、練習場に行き、翌午前三時まで練習した。独学の練習だが、始めて一年後には、悪口を言っていた相手にグロスで圧勝した。

腕前はシングル級で、大京オープンの前身である沖縄オープンには、アマチュアとして出場している。

長男聖志が生まれる時には、息子とゴルフしたい願いから、妻の豊子さんには「頼むから男の子を産んでくれ」と言った、というエピソードがある。

宮里家も石川家も似たところがあって、長男とのゴルフを夢にまで見ている。宮里優さんは自著『学校一番ゴルフ二番』の中で、その頃のことをこう書いている。

「私の気持ちが届いてか、長男・聖志が誕生。私は思わず分娩室の前で万歳した（中略）。聖志は三週間ほど早産だったためか、二八〇〇グラムと小さかった。そこで保育器に入れることになった。私はさっそくその保育器の中にゴルフクラブを入れようとすら思った」

「初めて練習場に連れて行ったのは聖志が三歳の頃で、まだヨチヨチ歩き程度。その聖志に8番アイアンとプラスチックの3番ウッドとグリップから十センチ下にヘッドがあるパターを持たせてゴルフを教え始めた」

もちろん、ゴルフが大衆化され、中産階級の父親たちの間に広まっていた。特に昭和二十一年から二十五年の間に生まれた、いわゆる団塊世代のサラリーマンの間では、右も左もゴルフ愛好家が増え、一大ブームになった。

この世代が戦後日本の消費経済を支えてきた。昭和二十二年生まれのジャンボ尾崎は、こうした団塊世代のいわばエース的存在で、彼と同世代の男たちは、こぞってゴルフに打ち込んだ。沖縄の宮里優さんの周囲の人たちも、ジャンボブームが起爆になっている。

宮里優さんの場合も夫婦共働きで、子供は同居している母親の世話になる。日曜日になると村の近くにあるショートコースに出かけ、親子でラウンドした。

東村は東側の海岸にある村で、ゴルフ練習場はない。一度名護市に出て、そこから5キロの本部というところにショートホールがある。

二男の優作にも、三歳の頃には家族全員で一時間先の本部のショートコースに出かけ、競技にも参加した。

村の教育委員会の主事だった優さんは、村の子供たちを素晴らしい子に育てるにはどうすればよいかを、企画立案するのが仕事である。村の運動会、マラソン大会、駅伝大会など、どこの市町村でも行なわれている行事を企画立案する。

教育家ではないが、教師と相談しながら行事を進める。しかしゴルフに限っては、まだ村人たちの間では広まっておらず、企画の対象にはならなかった。まだ公認されていないのでアメリカ式にピクニック気分で出かける。

優作が小学四年生といえば一九九〇年である。石川遼が生まれる一年前だが、沖縄の東村では、夏の夕方、初めて東村のゴルフコンペが開催された。

これには大人も子供も参加できる。仕事が終わった大人たちは子供を連れて9ホールのショートコースに出かけた。宮里家では父親と二人の子供が参加した。村挙げてのコンペで賞品もある。

同じ年に、ジュニアの試合が本部グリーンパークというショートホールの多い9ホールのコースで開催され、宮里家から聖志と優作の二人が参加した。

子供ながらも優勝したい気持ちが強く、一打一打に真剣だった。パットの時もじっとラインを調べてからアドレスに入る。

周囲の土手では親たちが観戦している。ところが優作はパットをはずして腹を立てた。次のホールに歩く途中の土手にきた時だった。腹を立てていた優作は、その土手を足蹴《あしげ》にしたのである。

その動作を見ていた父親の優さんは許せなくて、「優作！」と呼びつけると、自分のパターを子供に投げつけ、烈火の如く怒った。

「ゴルフはマナーを重んじるスポーツだ。自分の思うようなプレーができないからといって土手を蹴るとは何事か。土手だって痛いと泣いてるはずだ。他の人にも嫌な思いをさせているではないか」

優作はこの時、泣いて謝った。その日以来、優作は怒っても周囲の者に迷惑をかけないように気を配り出した。

優さんはまたこんなことも言っている。

「同伴者に、また一緒にやりたい、と思われるようになりなさい」

それでいて、父親の優さんは、子供の教育についてこう語っている。

「悪いことは悪いと教える。しかし、持って生まれた子供の気質は伸ばしてやること。バランスが大切である」


「いつかマスターズで優勝する」


小学校四年の石川遼は、テレビのマスターズを見ていて、

「プロゴルファーになる。いつかマスターズで優勝する」と、口に出していた。早くもプロになってマスターズに出る夢を漠然とながら胸に抱いている。

父親の石川勝美さんは、それからの遼について、「以来、ひたすらゴルフに打ち込んできた。早朝、起きてすぐ練習。放課後、帰宅してからすぐまた練習。合い間に学校の宿題をこなし、テレビゲームや携帯ゲーム機など、その年頃の子なら誰もが興じる遊びも、すべて我慢して頑張ってきた」

ゲーム機はプロになっても持たず、弟に誘われてゲーム機でちょっと遊んでやる程度である。

そのかわり、遼は試合の時に着るウエアとか帽子の色など、コーディネートに興味を持ち始めている。これはプロのトーナメントを見て、格好よくプレーしたいとの自己表現欲が芽生えていたのだろう。

中学生になり、ジュニア大会に出るようになる頃は、特にシャツ、ズボン、帽子の色合いにこだわった。よく言えば、早くも自分のプレースタイルをつくり、気持ちよく戦いたいとの、トッププレーヤーにある自己表現である。

確かにコーディネートが合ったスタイルでプレーしている人の姿は、見る側も心地よい。遼の場合は自分のためでもあるが、一緒に回る人、観戦している人にも喜んでもらおうとの気配りが感じられる。特にプロに転向してからは、トータル契約先のヨネックス社から、十分過ぎるほど、四季を通じたウエア、シャツ、ズボン、セーター、ベスト、サンバイザー、帽子、シューズが提供され、遼は色合わせを楽しんでいる。

初日からテレビ中継が入る土・日、さらには優勝を意識してバーディー合戦に出る日は、かならず赤のカラーを取り入れている。

試合中のウエアやズボンなどに一番気遣ったのはジャンボ尾崎で、テレビ中継が入ったフェニックスでの日本プロゴルフ選手権最終日は、パジャマのズボンかと思われる強いストライプの明るいズボンをはき、長い脚をさらに長く見せ、ギャラリーを魅了した。

六十二歳になっても彼のショーマンぶりは変わらず、ジャンボファンは、「今日は何を着てくるのかな」と期待を持つ。

そのジャンボは最近、派手なスタイルの理由を聞かれて、「オレは自分の気持ちを出している。ギャラリーにワーッと言わせたいのよ。プロなんだから、そこまで気を配る必要がある」という意味のコメントを出している。

ジャンボと十七歳の石川遼は、「見せるプロ」という意味でも共通している。

ジャンボは小学校の時からピッチャーで、常に全観衆の視線を浴びて育っていた。プロになってからは、打つか打たれるかの勝負球を投げるという技術が加わるが、何万人というスタンドからの視線は、アマ時代より熱いものがある。

「見られる」ことによって観衆のパワーを自分のものにして投げる、打つエネルギーに変えられる人は、スーパースターである。ジャンボや青木功、石川遼には、それがある。

父親の愛「この子のために……」

石川遼が江戸川の空き地でボールを打ったのは二歳の正月で、家族三人でタコ揚げに興じた後である。タコ揚げが終わると、持ってきたプラスチックのクラブでボールを叩いて遊んだ。

この日は陽が落ちるまでボールを打って遊んでいる。その他の日曜日も、江戸川でゴルフを興じる。いつの間にかゴルフは身近なものになっていた。

父親の勝美さん使い古しの5番アイアンを短く切って、手製のクラブをつくるのは、遼が幼稚園に入る頃で、父親の並々ならぬ愛情が伝わってくる。

一例がグリップ。幼稚園児だから手が小さい。大人のグリップでは大き過ぎる。そこで父親はカッターナイフでラバーグリップを縦に切り開き、細くしてシャフトに取り付けた。

自宅の庭先でアドレスをしている遼の姿があるが、大人のスチールのアイアンである。ロフトから察するにウエッジであろう。幼児ながらにベースボールグリップでしっかりと握っている。

考えてみれば、この二本の幼児用改造クラブが、石川遼の、ゴルフとの出会いである。庭にはネットを張り、実際のラウンドボールを打つわけだから、手の感覚、ボールの音が、この頃から身についたと言える。

庭で練習する親子の対話のシーンを、父親の勝美さんはこう書いている。

「ボールを打つたびに芝生を削り、ときには家庭菜園のキャベツやトマトを直撃した。そんなとき、遼は私の顔を見て『お父さん、ゴメン』と言ったのもである。私は笑顔で『いいよ、いいよ』と答える」

　また、こうも書く。

「大切な庭や、せっかく育てた野菜が傷つくのは残念であるが、遼のために買った家と庭なのだ。夏はビニールのプールに水を張り、遼がはしゃぐ。私は自分自身のすべての道楽を絶っていたが、唯一の趣味として始めたカメラで、何度もシャッターを切った」

　この頃に、遼は小児喘息《ぜんそく》に悩まされていた。筆者も小児喘息で九死に一生を得た思いがあるので、喘息の恐怖は、今でも覚えている。激しい咳《せき》と呼吸困難で窒息死寸前になる。

　大体夜中に発作が出てくる。医者は往診してくれず、どんな措置をすればよいか家族も本人も親も分からない。

　応急措置としては、起こして壁に背もたれするか、後ろから抱いてやりながら、ゆっくり大きく、腹式呼吸を繰り返し、気持ちを落ち着かせ、恐怖心を取り去ることである。

　この小児喘息は遺伝性とも神経性とも言われるが、とにもかくにも死の恐怖に脅える。

その時の様子を父親の勝美さんは、

「どうしてボクだけ咳が出るの？　と訴える遼。そんな遼の悲しい言葉に、家内はただ涙を流し、私は幸福だけを手にして生まれ育つ子なんていない、ということを痛感した。そして『この子ために』という思いを一層強く持ち、家族の絆《きずな》は固くなって行くのを感じた」と、苦しかった心境を書いている。

これを読む限り、筆者の体験から想像するに、遼を大事に育てよう、喘息の出ない環境をつくろうと考えたに違いない。

特に季節の変わり目、冬から夏、春から秋と秋から冬に、発作が起こりやすい。幸い吸引式の市販薬があるので、昨今は一時的に発作を和《やわ》らげることができる。常備しておれば不安はない。

しかし私の友人の奥さんは、いつもハンドバッグに常備していた喘息用のスプレーをその朝に限って忘れ、府中から大森へ縫製した洋服を、車を運転して届ける途中、発作に襲われて急死した例もあるので、油断できない。

体験的な予防方法は、適度に運動をし、腹式呼吸を習慣づけることである。筆者の場合は剣道を復活し、毎朝三キロの木刀で一日二百本素振りして腹式呼吸し、風呂上がりには最後に冷水をかぶるなど、今も鍛えている。

ゴルフはきれいな空気を吸い、腹筋、背筋を使うスポーツなので、喘息克服にはいい。喘息の子供を持つ両親には、競技志向ではなく、歩く環境で体力を強化できるので、ぜひともお勧めする。競技はその後で考えればよろしいと思う。

第３章
競技から学ぶもの

絶望のドン底から這い上がる

宮里家では、先に長男が三歳の頃から、その後から二男優作、そして二人の兄のゴルフを見ていた一人娘の藍が、ゴルフを覚えた。

藍の場合は、両親としては音楽の先生になって欲しい、と思い、幼少の頃から音楽の先生についてピアノを教わった。

父親の優さんも、若い頃は医者のほかに音楽家になろうと、東京にいた頃ピアノを買い、音楽の道を進んでいた。その頃、伯父が県会議員に出馬し、その応援に出かける間、友人にピアノを預けて一時、沖縄に帰国した。

ところが東京に戻ってみると、その友人はどこかへ消えたのか、引っ越し、ピアノもなくなっていた。おそらく友人はピアノを叩き売って身を隠したのであろう。その時に音楽の道を断念している。その音楽の夢を、藍に賭けたが、本人は二人の兄に負けまいと、クラブを振り始めた。

その頃になると、家族の会話はゴルフだった。プロの試合をテレビで見ては、賞賛したり、批評したりする。そして夕方は道路を渡って駆け下りた砂浜の近くから、平良湾の海に向かって黄色化したゴルフボールを打ち込んだ。

海に打ち込んだボールは、翌朝六時頃に起き、布袋を持って拾い集める。

平良湾は遠浅の海で、潮が引くと500メートル沖まで砂浜になる。その頃を狙ってボールを集める。ドライバーで打ったボールは大体250ヤード地点に落ちているから、集めるにはさほど時間はかからない。

優作も藍も、布袋に詰めると担いで引き上げる。それらのボールは、また夕方、村営のグランドに外からアイアンで打ち込む。またそれをかき集めて、最後はドライバーで海に向かって打ち込んだ。従って、近くに練習場がない東村の宮里兄妹は海が練習場だった。それも練習料金ゼロである。

競技は、車で一時間先の本部のショートコースで行なわれた。名護市の北部に住むゴルファーたちは、パー3とパー4しかない短いゴルフ場で競技を楽しんだ。

沖縄でジュニア競技が生まれるのは、長男聖志が中学三年の夏である。沖縄にあるゴルフ場の支配人たちが中心になって、ジュニア大会を運営した。その第一回大会の中学の部で聖志が初優勝した。

そのことがきっかけとなり、二男優作、娘の藍も競技に参加し、家族揃って応援に出かける。家族の絆も強まり、共働きの両親は生き甲斐を味わった。

宮里家では聖志に続いて優作が、小学六年の時、熊本での九州高等学校ゴルフ選手権に小学の部で優勝した。さらに中学一年になると沖縄ジュニア大会に優勝する。優作は沖縄県のすべての大会に優勝したばかりか、中学二年の時は霞ヶ関ＣＣでの日本ジュニア選手権大会に初優勝する。

当時の沖縄タイムスや琉球新報は、スポーツ面で優作の優勝を大きく取り上げた。

筆者が宮里優作という少年に会ってみたいと、沖縄の友人の紹介で、沖縄メルパルクのホテルから電話をかけたのは、宮里優作が二年の秋である。筆者の電話に出たのは、留守番係をしている小学四年の藍ちゃんだった。しっかりした声で受け答えした。

当時、宮里優さんの職業を知らなかったので、「お父さんのお仕事は何ですか」と聞いたところ、藍ちゃんは、

「父はティーチングプロです」と答えた。

そうか「ゴルフ一家なのか」と、単純に受け止めてしまったが、会ってみると、そうではなかった。その頃は一番ピンチな時で、生活にもゆとりがなかった。

翌日、那覇市から約二時間かけて友人の車で東村を訪ねて父親の優さんと会うことができ、また砂浜で優作の練習風景を見るが、後で聞くと、一家は「村八分同然」の、ピンチな立場にあったことを知る。

原因は、父親の優さんが有志者に推され、ゼネコンと癒着《ゆちゃく》している現役村長を倒すために村長選に出て敗れたことにある。小さな村のこと、石こそ投げられなかったが、冷笑を浴びせられ、一家は辛い日を過ごす。

不幸はさらに重なった。失業した優さんは県内に仕事を捜すが、再就職が決まった先々で、沖縄最大のゼネコン筋から圧力がかかり、「なかったことにしてくれ」と断わられる。それが二年続いた。

一家の生活は、妻豊子さんの月給と母親の恩給が支えた。しかし長男の聖志は大阪桐蔭高校生で、毎月の下宿代と授業料の支払いがあり、出費が大きい。地方公務員のボーナスを子供の教育費に当て、やりくりしている。

再就職が絶望と悲観した優さんは、走っている車ごと崖にぶつけて事故死しようとも考えた。その絶望のドン底で思いついたのが、シングル級の腕を持つゴルフのティーチングプロの道だった。すぐに大阪に本部のあるティーチングプロのテストを受けて合格し、行きつけの名護市の練習場で、働かせてもらうことになる。

藍がプロとして活躍し、一家をドン底に落とした東村の一億円近い地方税と国税を払うようになった頃、名護の練習場のオーナーに頼まれて経営を引き受けることになるが、まだティーチングプロになった頃はお金を払ってくれるゴルファーがおらず、車のガソリン代にもならない、わずかな収入だった。

その頃の、優作の、沖縄県人としては初の日本ジュニア選手権優勝だった。この優勝について、とにかくライバル意識が強かった南部の支配人や協会関係者は、自分が育てたような口上を並べた。

翌年、世界ジュニア選手権に選ばれて出場すると、沖縄のゴルフ関係者は完全に脱帽し、宮里優さんを、ジュニアのコーチにしたいとアプローチしたが、優さんとしては自分の子供で手一杯で、辞退している。

優作は世界ジュニア選手権に行く時、学校の教科書を持参し、飛行機の中やホテルで予習、復習を繰り返している。ホテルでもゆっくりテレビを見る時間がなく、ハードスケジュールをこなしている。

ヒントにした岡本綾子プロのスイング

ジュニアとして競技に出ると、時間的な余裕がないのは、石川遼も同じだった。石川遼も高校生に入り試合が増えると、杉並学院の教科書を持ち込み、宿泊先で予習と復習を優先した。

父親の勝美さんは、「文武両道」を教え込んでいて、まず宿題をやったり、学校の教科書を予習、復習させ、残った時間をゴルフの練習に当てている。

しかしプロ転向となると逆になり、少ない時間を勉強に当てて、すべてをこなしている。それも本人の自覚でそうなったもので、今何が大切か、を知り、自分の考えで行動しているのは、宮里優作や宮里藍の場合とよく似ている。

石川遼が、祖父に連れられて初めて隣町のゴルフ練習場に行ったのは小学校二年の時である。しかし、危険という理由から子供は打席に入ることが禁止されていた。祖父の願いも叶わずその日、遼は泣きながらバスで帰った。

打ちっ放しの広い練習場で練習したい遼のため、勝美さんは江戸川を渡った千葉県野田市にある練習場へ遼を連れて行き、交渉した。

幸い、父親同伴ならよろしい、と受け入れてもらった。その練習場はジュニア育成に熱心で、格安のジュニア料金を設定してくれる。この練習場との出会いが、遼少年の出発点だったと言えよう。もしその場で断わられていたら、今日の遼プロは育っていない。

この時の気持ちを『バーディは気持ち』の中でこう書いている。

「——支配人の英断に今も感謝している。振り返ってみれば、この日が『私のゴルフ』の本格的な始まりであったと言えるだろう（中略）。この日以降は、自分のためではなく、遼のために『週刊ゴルフダイジェスト』を読むようになった。私のゴルフは、遼のゴルフを見ることであって、自分のプレーではなくなった」

「野田市の練習場で、遼が二時間ほど打つ間、その後ろの椅子に座り、じっとスイングを見続ける。そうこうするうちに、遼の良いときと悪いときのスイングが見分けられるようになった。これが私のゴルフであり、今もそれは変わらない」

この野田市の練習場に通っているうちに、力で打てない遼のため、勝美さんは色々と工夫する。

石川遼少年はこの頃、身長が1メートル10センチだった。ドライバーで打つと飛距離がようやく100ヤード近くまで出る。まだ叩いて打つ力はない。大きくスイングすると、右膝が右に開く。またにスウェーする。

最初の頃は誰でもあることだが、帝王ジャック・ニクラスもゴルフを始めた頃のスイングは、右に大きくスウェーしていた。

ビギナーのうちは誰でも通るステップである。遼の場合は右膝が外に足とともに開く。そこで父親の勝美さんは、ゴルフ雑誌で見た岡本綾子プロの連続写真のスイングをヒントにした。流れるようなスイングからフォロー、フィニッシュを大きく取り、210ヤードのドライバーショットを放っている。

「これだ！　非力な小学生でも真似できる」と勝美さんはヒントを得た。それからは岡本綾子のスイングに合わせるようにして、リズムで打たせた。

もちろん当初は上手《うま》くはいかない。ボールは左に曲がったかと思うと失速もする。

原因を考えるため、岡本綾子の連続写真を再度広げてみる。発見したのは、トップオブスイングでも右膝がアドレスの状態のままだということである。

そこでサラリーマンのコーチは息子の遼に、右膝を動かさないようにアドバイスした。意識して右膝を止めてスイングしているうちに、何発かがジャストミートする。

石川親子は、この右膝を動かさないスイングに取り組んでいるうちに、飛距離も伸び、ボールも上がるようになった。石川親子にしてみれば、素人ながらも大きな開眼であった。

その時以来、ジャストミートの確率が高まり、方向性も安定してきた。

この練習場では人が少ない二階打席を使ったが、回を重ねるうちに、練習場の支配人やゴルフショップの店長、食堂のお姉さんたちと親しくなった。親しくなったお客さんからはニューボールをいただいたり、ラーメンをご馳走になったりしている。

中でも、遼のマナーとエチケットは練習場で話題になった。明るい声で挨拶する。帰る時は、

「ありがとうございました」と、フロントの人や支配人に頭を下げた。

すでにマナーはこの頃から自然と身についていた。

そんな遼を見ながら、ある日、支配人は父親の勝美さんに、

「もうお父さんが見ていなくても大丈夫ですよ。遼クンは独りでも、ちゃんと練習できます」と褒《ほ》めている。

子供の夢を叶えさせるために

石川遼の初ラウンド及びホームコースとなるのは、結城市の、自宅から一時間先の「しもふさカントリークラブ（CC）」である。小学二年生の時、父親に連れられて、出かける。ボールは新しいのは買えず、ロストボールを使った。

しもふさCCといっても、沖縄のミニコース同様9ホールで、2グリーンをそれぞれアウト・インで使い分けている。長さはアウト・イン合わせて5500ヤード。子供に限らず、大人でも相当に楽しめる。

ここはセルフプレー式で、カートを引いてラウンドする、家族的な雰囲気のあるゴルフ場である。

ここでは父親の勝美さんがカートを引くキャディー役だった。組み合わせが決まると、小学二年生の遼は、自分の名前を言った後、

「よろしくお願いします」と帽子をとって挨拶した。

父親の勝美さんも「父です」と挨拶し、三人の同伴プレーヤーに頭を下げ、それから打

順を決めてスタートした。

食堂の昼食の時は、キャディー役の勝美さんはプレーヤーと一緒には食事せず、由紀子夫人がつくってくれたおにぎりを駐車場の車の中で食べている。

その理由を父親の勝美さんは、

「プレーヤーの中に遼を入れて、私を交えない会話をさせたかったからだ。それがひいては遼を、プロトーナメントの中で、ひとりのプロゴルファーとして、仲間として、受け入れられる下地を作ることになる」

と記している。

小学二年生の遼は、こうして大人たちと一緒にラウンドし、会話した。そのせいだろうか、人見知りしないで誰にでも溶け込んでいる。

この「しもふさCC」は、プロになってからも、遼のホームコースとなる。オフの間とか、夏休みに試合がない日は、ここでスイングをチェックし、打ち込んでいる。二〇〇八年も二〇〇九年のオフも、ここからスタートした。

二〇〇九年ツアーに使うクラブも、ここでテストし、開発者と一緒にクラブの感じをチェックし、データを出した。

何も有名なクラブ、長いコースでなければ強い選手は育たない、という説は成り立たない。そのことは9ホールのショートコースで育った宮里三兄妹も同じである。恵まれない環境にあっても、十分に腕を磨くことができる、という証拠でもある。

その後、少年石川遼は小学校三年の夏に、18ホール、パー72の古河ゴルフリンクスのジュニア会員になった。ここは自宅から車で一時間ほどのところになる。場所は古河市の河川敷コース。遊水池で、思川と渡良瀬川が合流して利根川となる上流である。

開場は平成三年六月で、経営者は古河市で、運営は日東興業のグループ会社日東ライフに委託している。いわば市営のゴルフ場である。

設計者はロバート・ジョーンズのコース設計の流れを汲《く》む、ゴルフライターにして設計家の金田武明氏（故人）。金田氏は親子二代にわたるベストアマで、霞ヶ関と相模の会員。早稲田からオハイオ州立大に留学し、帰国後はスポーツイラストレイテッド日本の代表者だったから、ジャック・ニクラスの先輩になる。五年ほど前まで日本ゴルフ場設計協会の理事長を兼務していた。

常にトーナメントを意識した設計家で、この古河GLでプレーできることは、コース攻略を体験する上で多くのことを学べる。

石川遼は年会費二万円のジュニア会員になる。幸いにも早朝と薄暮プレーは、一年間無料という会員特典があった。

ここに入会したことで、遼は腕を上げた。入会から五年といえば中学二年生である。石川遼はここで、土曜日と日曜日にラウンドした。

薄暮プレーでは、父親がカートを引き、遼一人がラウンドすることがあった。それには日本ジュニアで優勝するという夢があったからである。父の勝美さんは送り迎えの運転手兼キャディーにしてコーチだった。

古河GLでの思い出をこう書き残している。

「春、夕方の六時過ぎまでプレーが可能になる頃だった。とっぷりと日も暮れ、空を見上げればおぼろ月。その光がうっすらとコースの闇にシルエットを作る童話のような幻想的な世界の中、コースのフロントも管理の人も帰ってしまい、私と遼の二人だけ。カートを所定の位置に戻し、自動販売機でジュースを買って二人で飲む。真っ暗闇の中、家路に着く――」

親子ゴルファーの姿は、石川親子に限らず、父親が犠牲になる。石川勝美さんが遼のために打ち込まなければ、チャンピオンは生まれない。

その例が中嶋常幸が日本アマに優勝した試合である。毎朝四時起床で三時間先の軽井沢まで車を運転して出かけた。途中、碓氷峠に車を停めて、朝食用のおむすびを車の中で食べている。

沖縄の宮里家でも、日曜日には名護市の練習場に連れて行き、練習させるが、車の中が家族の情報交換の場だった。

ところが、夜十一時に練習場を出て一時間かけてジャングルの中を走っていると、話をしていた子供二人は、いつの間にか倒れて眠っていた。

子供の夢を叶えさせるための、父親の愛情があればのことである。

試合があるから練習に身が入る

石川遼がジュニアの試合に初出場したのは、古河GLのジュニア会員になった年の冬である。試合に慣れるためである。試合に向かって練習する度合いも増えた。

勝美さんは子供の試合についてこう語っている。

「遼のゴルフを作ったのは試合の多さからである、と確信している。つまり、模擬テストを重ねるうちに、次第に学力が向上するようなものだ」。また「試合があるから練習に身が入る」

このことは、タイガー・ウッズの場合も言える。ロスアンゼルスに限らず、カリフォルニア南部では、毎週土・日曜日、パブリックコースで大人も子供も一緒になった「一日試合」が行なわれる。

筆者が全米オープン取材の帰途、ロスアンゼルスの友人を訪ねると、その場で一日一ドルのエントリーフィーを払えば参加できる試合がたくさんある、と聞いた。

カートを引いて三ドルあれば、試合に参加できるので、市民たちはジュニアの部、大人の部、女性の部と分かれていてコンペに参加していた。

当時、市営ゴルフ場のスタート小屋には一枚の大きなポスターが貼られていた。南部カリフォルニアの地図であって、○印のゴルフ場がある。その右側に、コンペ開催日程とコース名が書かれている。

多い時は同じ日に五ヵ所で開催されていた。それぞれ好きなコースを選んで出かけている。

コンペの運営者はその地区のクラブプロたちで、全米ゴルフ協会に依頼されていた。タイガー・ウッズと退役軍人の父親は、毎週一ドルの参加費を払ってコンペに出ている。コンペに出るから練習もした。

ある時はゴルフに夢中になり、学校の宿題を忘れ、母親にクラブを取り上げられてこっぴどく叱られたことがある。タイガーの家では、母親の教育が厳しく、父親は避難所だった。

戦前の中国では「子供は母親が育てるもの」と母親の影響が大きかった。それは同じ東洋人のタイガーの母親にも共通している。しかし宿題を終えて父親とゴルフ場に行く時は、二人分のサンドイッチをつくって持たせた。

石川家でも、学校から帰ると真っ先に宿題を勉強し、残った時間でゴルフクラブを振ったり、庭先でアプローチしたりした。親子がゴルフの試合やプレーに出かける時は、二人分のオニギリを結んで持たせ、送り出している。

予選落ちして帰った後で部屋の中にいると、母親に「あら、引きこもり?」と、声をかけられる。本人はハッとして気を取り直して、外で素振りした。

どの子も良い先生にめぐりあえた

石川遼の最初の試合は小学三年の冬である。日本ジュニアゴルフ協会（JJGA）主催の地区予選会に参加した。

場所は栃木県の烏山城CC。ここで小学男子の部にエントリーした。使用ティーは女性用の赤マーク。レギュラーティーで6570ヤード。赤マークはそれから三割方短いから4620ヤード前後になる。

小学男子の部は、小学三年から六年生までが出場した。出場者は二十名。当時、遼は岡本綾子のスイングにヒントを得て、ドライバーで平均150ヤード飛ばしている。

試合はワンデートーナメント。

成績は一位が六年の子で75のスコア。遼は95で、十五位に入った。烏山城CCは晩年の井上誠一が設計した一つで、戦略性に富み点で責める設計になっている。しかもアップダウンが多く、常に第二打のライが変わってくる。

遼が古河GLの平らな河川敷コースでプレーしてきたので、初めてのアップ・ダウンのライからの距離感に迷った。それでも95は凄い。

しかし、石川親子は、トップとの20ストロークの差に、ショックは隠せなかった。この日のために、日没まで一所懸命に打ち込んできた。その結果が20ストローク差である。だが、それからの遼は、また次の試合のために、それこそ「模擬テストを受ける」ように打ち込んだ。

三年後に、同じ烏山城ジュニア予選会が行なわれたが、その時は何と64を出してダントツ優勝だった。三年前の同じ六年生が75で優勝しているが、二人の差は11ストロークの逆転スコアである。

遼はすでに同年代の人より、はるかに先を走っていた。64を出したということは、アンダーパーの世界に入ったということである。つまりバーディーを取り重ねるというプロの世界に入っていた。

もっとも同年代の少年の中に、プライベートで62を出した小学六年生がいたが、石川遼の場合は日本ジュニア協会のオフィシャルトーナメントである。試合で結果を出してこそ評価されるとともに、確かな自信を得ることになる。

小学生でゴルフする者はいなく、まったくといってよいほど、学校内では話題にならなかった。ただ担任の先生は知っていて、試合の成績を学級新聞に掲載し、応援してくれた。その意味では、教師に恵まれたと言ってよい。

担任の先生は、石川遼少年が、ひたすらに打ち込む姿に、教育者としての喜びを感じたのであろう。

「遼クン、試合があったら、また報告してね。クラスみんなで応援するからね」と励ましている。

良い教師とのめぐりあいは、宮里家にもあった。石川遼と同じく、試合があると学校を休まなければならない。その理由を届けて理解してくれるかどうかで、子供の成長も変わってくる。

沖縄の東村の小学校の教師は、小学校一年生の時から、学習する習慣を身につけさせた。子供の好奇心を上手《うま》く引き出す宿題を与え、子供が毎日机の前に座るように仕向けている。

優作は、その教師のお陰で、本を読む楽しみ、また先に宿題をやって、ゴルフの練習に入るという習慣を身につけていた。

それでいて、悪さをすると、「薬をやろう」と言って、ゲンコツを食《く》らわせる。小学四年の時、子供たちは担任の先生を「ゲンコツ先生」と言って、ゲンコツを食らうことを楽しみにしていた。

宮里優さんは、自著の中で教師についてこう語っている。

「子どもに影響を与えるのは親だけではない。友達、先輩、親戚や近所の人々、本、映画など数え切れない。その中でも子どもにとって親と並ぶ人生の教本は学校の先生、特に担任の先生だろう。わが家の子どもたちはどの子もいい先生にめぐり会えた」

優作は高学年になり、地元の試合に優勝したり、熊本で行なわれた九州ジュニア大会で優勝したりすると、みんなの前に立たされ、拍手して応援している。

教師について、かつての村の教育委員会勤めの宮里優さんは、こう述べている。

「子どもは親だけが育てるのではない。教師もまた、子どもの人生の水先案内人である」

ライバルはよき師であり友だ

子供に限らず大人でも、ライバルに抜かれるのは悔《くや》しい。「あいつがいなければ――」と思うことが、誰しも二、三度はある。

だが、ライバルは師であり、友であると思えば気持ちはまた、新たになる。むしろライバルの存在がなければ、男に限らず女も強くならない。

個人プレーのゴルファーの世界では、特に顕著である。ライバルがいるから、今度は勝ってやろう、それには200ヤードからのバーディーを確実なものにしよう、と努力する。

ライバルが身近にいないと、150ヤードからのバーディートライは当然のこととして、

200ヤードからの完璧なショットは求められない。

筆者は日本プロでライバルの闘志を燃やしたのは青木功とジャンボ尾崎の二人だと思う。この二人は同門で、林由郎の師弟である。歳とキャリアは青木が昭和十七年生まれ、尾崎が戦後の二十二年生まれ、しかも青木は中学を卒業するとすぐに我孫子でキャディーをやり、林由郎を頼って江戸川の河川敷コース都民ゴルフ場で研修した。

プロ入りは青木が昭和三十九年十二月、尾崎は昭和四十五年四月。青木はキャディーから、尾崎は西鉄ライオンズ球団から転向し、華やかな道を歩いていた。二人とも初優勝は昭和四十六年。

だが同門の弟分のジャンボ尾崎は、その年に公式戦の日本プロ、日本シリーズなど五勝して、いきなり賞金王になった。その中には日米対抗戦の個人戦で、アメリカのプロに勝って優勝した試合もある。国民感情としては空手チョップの力道山を思わせた。

翌年も賞金王はジャンボ尾崎で、内外合わせて十勝した。青木は磯子CCで行なわれた関東プロでジャンボ尾崎にプレーオフで勝った一勝のみで、大きく引き離された。

ところが翌四十八年は、青木が六勝、ジャンボが五勝して入れ替わった。

この背景には、それまで勤めていた会社から試合に集中できる日本電建に移り、オフの間、打倒ジャンボに燃えて走り込み、打ち込んだ結果だった。

前妻と別れて現在のチエ夫人と再婚して出直した結果が、「打倒ジャンボ」になる。しかし賞金額ではジャンボが一位、青木が二位である。ジャンボはデビュー二年目から四年連続賞金王を維持した。

ともにライバル心に燃えた結果である。

中嶋常幸は、この二人が死闘を繰り返している頃にプロに転向し、二人を追い上げる立場になる第三の男である。彼は二人を目標に打ち込むから、人の二倍も練習した。

さて、宮里家と石川家のジュニア時代だが、ライバルに助けられたケースは似ている。

宮里優作の場合は、九州ジュニア大会で戦った熊本の清田太一郎がいた。同学年の清田には、前年の大会で敗れた。飛距離にして70ヤード引き離されて勝負にならなかった。

ところが、小学六年生の時、今度は飛ばない優作が清田に勝ち、初優勝した。優作の粘り勝ちだった。父親の優さんはその時、

「この子はプロになれる。これだけ粘れる気力があれば、プロに通じるな」と思った。

中学一年になると、今度は清田に敗れる。翌二年生の時、今度は優作が日本ジュニア選手権に勝ち、初優勝した。しかし翌年は清田太一郎に逆転された。優作は霞ヶ関CCの暗いロッカールームでしばらくの間、天井を見上げながら泣いている。

石川遼の場合は、小学三年生の冬から、同学年のライバルがいた。烏山城でのジュニア予選会で知り合ったその子も、一所懸命に戦っている。その姿を見て、父親の勝美さんは、

「ライバルをがっかりさせてはならない」

と息子の遼に、練習で手を抜かないように教えた。

その一方で、遼は後輩には、先輩らしく教えている。こんな微笑《ほほえ》ましい光景もあった。

それは石川遼が小学五年の時だった。

その頃の遼は色々なジュニア大会に出て試合慣れしていた。遼はスタートするティィーグラウンド近くで、一緒に回る初心者らしき後輩に、スコアカードの書き方、打ち込んだ後にできるティーポットに土を埋める「埋土のやり方」、どこに立った方がいいかなどマナーやルールを教えている。

それは遼が初めて鳥山城CCでの予選会に出た時に、やはり同組の先輩に教わった際の助けられた経験があったからだ。

後輩に教えている光景を見た時のことを、父親の勝美さんはこう書いている。

「初めて試合に出て不安だったときに、同じ組の年長者に声をかけてくれたので救われた。その上級生のお陰で遼は競技ゴルフが好きになった。それと同じように、新しく競技に参加した小さな子供にも、ゴルフを好きになって欲しい、と遼は考えたのだ。誰でもゴルフを好きになって欲しい。男子プロトーナメントで優勝した今も、遼はそれを自分の責務として取り組んでいるように、私には見える」

第4章 プロの試合への挑戦

小学校六年の卒業論文「将来の夢」

石川遼が松伏第二中学校に入学するのは二〇〇四年四月である。その年の小学校卒業文集「将来の自分」の中で、『マスターズ優勝。これを目標にして頑張る』と書いている。ボールペンで書いた文は原稿用紙二枚分。当時の少年石川遼を知る上で大変興味深く、また永遠に語り継がれる卒業文である。以下「日刊スポーツ」の二〇〇七年六月四日付から引用する。

「将来の自分。　　石川遼

二年後……中学二年生、日本アマチュア選手権出場。
三年後……中学三年生、日本アマチュア選手権（日本アマ）ベスト8。

四年後……高校一年生、日本で一番大きいトーナメント日本オープン優勝。

八年後……二十歳、アメリカに行って世界一大きいトーナメント、マスターズ優勝。

これを目標にしてがんばります。最後のマスターズ優勝はぼくの夢です。それを二回勝ちたいです。みんな（ライバル）の夢もぼくと同じだと思います。でもぼくは二回勝ちたいので、みんなの倍の練習が必要です。

みんなが一生懸命練習しているなら、ぼくはその二倍、一生懸命練習をやらないとだめです。ぼくはプロゴルファーになって全くの無名だったら、『もっとあのときにこうしていれば……』とか後悔しないようにゴルフをやって行こうと思います。

来年には埼玉県の東京ＧＣで行われる『埼玉県ジュニア（中学生の部）』で優勝したいです。

今は優勝とか関係ありません。中学生になってからそういうことに回ろうと思います。高校生で試合で優勝すると、外国に招待してくれます。その試合で世界から注目される選手になりたいです。

ぼくは勝てない試合には今は出ません。

ぼくの将来の夢はプロゴルファーの世界一だけで、世界一強くて、世界一好かれる選手になりたいです」

二〇〇四年マスターズ開催前の文だから、その年の伊沢利光の日本人初の四位は、まだ見ていない。すでに、夢に向かっていた。

マスターズは憧れであった。テレビを見ていてタイガー・ウッズのアクションを真似ることもあったが、何よりも一生懸命にプレーするタイガーの姿に感動した一人の少年だった。

二〇〇四年は、出場選手の中で一番小柄の伊沢利光プロがマスターズに初出場した年である。伊沢はこの年、日本人としては最高の四位に入った。これまではジャンボ尾崎と中嶋常幸の八位タイが最高だった。

開催コースのオーガスタナショナルはオープン当初は2番ホールの左サイドのクリークのようなハザードがある程度で、12番、15、16番のような池はなかった。グリーン前をクリークが流れているだけで、戦後の改造で池が取り入れられた。

スタートも現在の10番打ち下ろしが当時の1番ホールで、スコットランドのミュアフィルドと似て時計回りだった。しかし朝露がグリーン上に残り、パッティングの障害になることから、陽当たりのよい10番ホールを1番ホールに変更した経過がある。

従って、ルーティンはマッケンジ、その後はコース委員たちの手で改造され、今日にいたる。なお、現在の1番のバンカーを拡大したり、500ヤードほど全体の距離を伸ばしたのはタイガー・ウッズがデビューしてからである。

18番ホールはフェードをかけて右林一杯を狙って越えられたが、現在は30ヤード近くティーグランドが下がり、タイガーでも右林を越せなくなった。ジャック・ニクラスはこうした改造にフェアーでないと抗議したが、それでもタイガーは三勝した。

昨年はミドルヒッターのイエルマンが優勝した。

なお伊沢が四位になった時は、15番ロングの右サイドは松が植えられ、右からドローをかけていた選手には不利になった。伊沢はフェードボールの名人で、幸運にも改造されたホールは彼向きだったのである。

もともとは、ヒッコリー、そしてパーシモン時代まで、ドロー系が有利だった。優勝した過去の選手を見るとドロー、アイアンはフェードを打って優勝しているが、「飛ばして、柔らかく止める」ボールが要求されていたからである。

だが、飛距離が出るチタンドライバーになると、ストレートまたは、フェードが有利になる。

コース改造は攻める側のチタンドライバーに対し、守る側の各ホールは、植樹とコースの難易度を高めることで対決している。

石川遼が中学一年の時に見た伊沢は、フェードボールが効をなし、四つのショートホールをみごとにノーボギーで上がっている。しかし帰国後、ドローボールに球筋を変えて、長い低迷に入る。

タイガー・ウッズのようなガッツポーズ

その伊沢利光の甥に伊沢秀憲がいる。横浜・大船中学一年生で、石川遼とはよきライバルになる。

中学一年の最初の試合は相模原GCでの関東ジュニア選手権である。遼は十二~十四歳の部に出て二位に入った。

この二位は、石川家にとって、大きなステップになるはずだった。それは八月中旬の日本ジュニア選手権に出場できたからである。初めての日本ジュニア選手権出場に、父親の勝美さんは、眠れぬほど喜び、期待した。

もう一つあった。それはプロの試合である新潟オープンにジュニアの部で出場が決まっていたことである。

遼が、プロの試合に出たいと言ったのは、何と小学五年生の時というから驚く。男子プロのテレビ中継を見ていて、テレビに映る自分の姿を想像したのだろう。

遼の性格は父親も認める目立ちがり屋で、人に見られることを期待している。これはスーパースターの条件で、日本ではジャンボ尾崎がその一人だった。バーディーを決めると、カップから取り出したボールを、野球でいえばカーブのあとに直球を投げて「三振奪《と》った!」とばかりに、ゴルフボールを右手に摑んで高々と天に突き出す。

これはショービジネスに欠かせぬ要素の一つである。石川遼も、目立ちたがり屋で、決めると自分の感情を出す。まるでタイガー・ウッズを真似たみたいに、派手なガッツポーズをとる。それも自然に出ている。

逆にはずすと、体を反らして天を仰ぎ、悔しがる。それが彼の魅力の一つである。

だが父親の勝美さんは、プロの道に行く前に、ジュニアの頂点である日本ジュニアに優勝、全国中学、高校優勝、そして日本アマ優勝というステップを踏んだ理想のゴルフを描いていた。そのために、日本ジュニア選手権の地方予選会に出場して、出場資格に挑戦してきた。その第一歩が、二〇〇四年八月の、待ちに待った日本ジュニア選手権だった。早く体験させて、翌年の優勝に備えたかったのだろう。

順調に、夢に向かっていた。

その矢先のことである。日本ジュニアゴルフ協会（JJGA）から、アメリカジュニアゴルフ協会（AJGA）の試合に推薦されるという報《しら》せが入ったのである。

このジュニア大会は世界ジュニア選手権とは別の、日本では知られていないジュニア大会である。

石川親子は、この出場をめぐって困惑してしまった。目の前に日本ジュニア選手権とプロの試合があり、それに向かって取り組んできたからである。

しかし、息子遼が、アメリカに行ってみたいと希望したことで、アメリカ行きを選ぶことになる。

招待されたのは二年後に誠英高校に進む、遼より二歳上の山形陵馬の二人である。彼は二〇〇五年の日本ジュニア大会で四位に入った。

初めてのアメリカジュニア大会で、遼は15番ホールまで8アンダーという驚異的なスコアを出し、アメリカの記者たちを驚かせた。そのままパープレーで上がればフィル・ミケルソンの記録65を破ることになる。

日本からの引率者もびっくりしたどころか、狂喜した。しかし上がり3ホールで硬くなり、連続ボギーを叩いて5アンダーに後退した。

この大会で、遼は大きなものを得て帰国する。一つはアメリカに友達を持ったこと、そして世界のレベルが高いこと、英語のマスターを必要とすることなどを身をもって知ったことである。

その年は、埼玉県ジュニア大会に優勝し、来年のジュニア大会に向かって、素振りと練習ラウンドに打ち込んだ。陸上で鍛えた足腰で飛距離も伸びた。

遼の身長が伸びるのは、中学二年から三年にかけてからで、その分、飛距離も伸びた。ジャストミートすると280ヤード先まで飛ぶ。

飛距離が伸びた原因は、陸上競技で足腰が強くなっていたことである。

石川遼は中学の部活は陸上部である。ほかにサッカーなど団体スポーツも考えたが、ゴルフに打ち込むことになると、部活外でサッカーを休むことになる。それでは迷惑をかけるので、個人競技の陸上部に入った。

しかし、そのことが、結果として遼のゴルフに大きくプラスすることになる。主として短距離だが、ダッシュでの足の蹴りと瞬発力が、ゴルフのスイングに大きくプラスした。

人間の力は足から伝わってくる。「足は気で、上半身は動」である。すべての武道もスポーツも足に始まる。足から、最後に伝わる上体に届き、そこから衝撃を伝える。

一例が剣道。足から踏み込み、両腕で打ち込むが、左手、右手が一つになって、刀剣にエネルギーが伝わり、「モノ打ち」で敵の正面を斬る。足も腕も強靭でなければ、打点のパワーは伝わらないし、一撃で倒せない。二の太刀、三の太刀で仕留めねばならぬという無駄な動作が必要になる。

まず大地を踏む足が弱かったら、力を十分に吸いとれない。次は足から腰、上半身へと一瞬に伝わり、最後は両手、中でも指からクラブヘッドに伝わり、ボールを打つパワーとなる。

そのどれにも、欠陥があってはならない。たとえば爪を深ヅメしたとなると、それだけでエネルギーは十分に伝わらない。特に左腕、左指の怪我は致命傷に近い。

その点、右手の怪我は、多少なりと我慢ができ、主軸の左手一本でも振り切れる。

だが足は、どちらも、健全でなければならない。強靭であればあるほどよい。中嶋常幸プロが中学生の頃は、父親の厳令で、食事前に40キロの古タイヤ引きをやらされた。山道なのでタイヤが石に引っかかるなど抵抗が大きい。それでも一日のうちに二、三時間も続けさせられた。その時の体験があるから、今でも一日30キロは平気で歩ける、と話したことがある。

旧帝国陸軍は20キロ近い重荷を背負って一日6キロ行進しては休み、また歩いている。すべて、足がモノを言う。

石川遼はタイヤ引きはしなくても、毎日の部活で走り込んでいたから脚力が強くなっていた。中学三年の時、100メートルを十二秒七で走っているから、相当に早い。

二〇〇七年の関東アマチュア選手権が千葉カントリーの梅郷コースで行なわれた時には筆者も観戦した。日本アマ出場を賭けた大事な試合だった。

石川遼は大人たちとペアリングを組んでスタートした。KSBマンシングウェアに優勝した後で、TBSのテレビクルーが、ヘリコプターで取材し、物議をかもした、遼にとっては最後の関東アマ選手権である。遼はヘリコプターの騒音の中で打ち急ぎティーショットを曲げたが、それでもヘリコプターのせいにはしなかった。

彼は林の中に打ち込むと、同伴プレーヤーに迷惑をかけまいと第二打地点に走り出した。同伴者がくる前に早く自分のボールを見つけるためである。

6番ホールは右ドッグレッグのミドルホール。遼は第二打をミスすると、自分のボールがどこに行ったかを確かめたくて、ここでも走り出した。その姿は１００メートルダッシュのポーズさながらで、姿勢のいい走り方だった。大きく踏み込み、クラブを持ったまま両腕を振りながらの疾走である。

同伴者も、いつの間にか遼の応援に回っていて、林に打ち込むと、

「遼！　もっと左だ！」

と落ちた場所を教えていた。

筆者はその時に、「この脚力がパワーを生んでいる。後は上半身の強化と、首の回りの筋肉強化だな」と思ったものである。

志として頂点を目指そう

石川勝美さんが、息子の遼に、「志として頂点を目指そう」と考え始めたのは、遼が中学に入ってからだという。

遼は中学校の入学式で、新入生代表として誓いの言葉を、

「この三年間を悔いのない三年とするため、努力することを誓います」

と述べている。

この頃から、石川親子は「富士登頂」を思いつく。真っ白な山頂に登り着く、という志

である。

この時の心境を、後に石川勝美さんは自分の書の中でこう書く。

「しかし、山は登れば登るほど険しくなるもの。遠くから見た白い頂など登り始めれば見ることもできない。半分も登らないうちに、自分の甘さを思い知らされることになる。気温も下がる。これ以上登るべきか、下山するべきか迷いも出てくる。それでも、力を振り絞ってさらに登ろうとする。頑張れば頑張るほど、状況は悪化する。気温はさらに下がる。傾斜は徐々に急になる。空気まで薄まってゆく。

遼が身を置くことになったプロゴルフの世界も、それと同じだ。遠くで見ていて美しいと思うのと、実際に登ることとは全然違う。上り始める人は多いが、頂上に辿り着く人は、ほんの一握り」

アメリカのジュニア大会に出かけた時、長いミドルホールをウッドクラブで2オンする程度の飛距離だったが、「飛ばさなければいけない」と世界のレベルを知った遼は、夏過ぎる頃にはスタンスの幅を広めにとり、振り回すようになる。

すると足腰の強化もあって、距離が出た。二年になった頃は、250ヤードまで飛ばしている。

一年の最後の試合は、三月二十九日、三十日の二日間、滋賀県の瀬田ゴルフコースでの「文部大臣楯争奪・全国高校選手権春季大会・中学生大会」である。

中学一年生の石川遼はこの大会に出場した。高校・中学生の男女とも二日間36ホールの戦いである。

中学生の部は二十五名が選ばれて参加している。その中に、この大会で優勝し、後に杉並学院に入る薗田峻輔（クーメラ三年）もいた。

薗田は初日73、二日目71の144で優勝する。二位は竜南中二年の森本雄で145ストローク。三位は石川遼と大船中一年の伊沢秀憲が149ストロークでタイになった。

遼は初日76と出遅れた。トップは秋吉翔太（託麻中二年）の70。6打差に開く。

二日目は73を出して、九位タイから三位に上がる。ちなみに、女子は沖縄の宮里美香（松島中三年）と服部真夕（美濃加茂中二年）、男子高校は岡部大輔（鹿島学園二年）だった。

信じる道を歩き続ける

二年になった最初の試合は、七月二十八日、二十九日の関東ジュニア選手権である。使用コースは相模原GC東コース。フラットで長く、大人の青ティーでパー74である。

この大会は、男女とも十五歳から十七歳の部は二日間のトータルスコアだが、中学生が多い十二歳から十四歳の部は男女とも一日72ホールのストロークで競わせる。

十五歳から十七歳の部では、男子が水城高二年の永野竜太郎が72・70、142ストロークで、女子は綾田紘子（共立女子の三年生）が80・77の157ストロークで優勝した。十二から十四歳までの男子の部には、伊沢利光プロの甥、伊沢秀憲（大船中二年）が75で優勝した。松伏第二中学の石川遼は1打足りずに76で二位タイに入り、八月の日本ジュニア進出を決める。

女子は桜葉女学院三年の志賀友香が81で優勝した。

夏休みは学生の試合が毎週のごとく続く。関東ジュニアが終わると、関東中学校選手権夏季大会と、全国中学校選手権夏季大会（八月十二日）が開催され、いずれも石川遼は中学の部で優勝した。全国という名のつく大会では何と66・66の132で初優勝だった。

埼玉県に石川遼少年がいる。その情報はゴルフ王国の九州や沖縄にまで届いた。かつて沖縄のジュニアは、宮里優さんの教え子が、一九九八年大会で四冠のうち三冠をとっている。

日本ジュニア選手権大会は、全国中学校選手権大会から五日後の八月十八日と十九日の二日間、霞ヶ関CC西コースで開催された。

初日の天候は曇りがちで、後に晴れるが猛暑だった。

全国から資格をとった選手は三十二名。

初日トップに出たのは5アンダーの67を出した前栗蔵俊太（石垣第二中学三年）で、二位は4アンダーの富村真治（松島中三年）、二位は69の高田聖斗（城東中二年）である。石川遼も2アンダーの70で好発進する。

日本ゴルフ協会の「JGA年鑑」は、この日の試合展開をこう記している。

「ジュニア世代を索引する沖縄勢の活躍が目立った第一Rとなった。昨年優勝の前栗蔵俊太が5アンダー（67ストローク）で単独首位。前栗蔵はスタートホールから三連続バーディーを奪うと前半を4バーディー、1ボギーの33で終わる。後半も34とスコアを伸ばし二位の富村真治（松島中三年）に1打差をつけた。二位の富村は二〇〇四年『日本アマ』で最年少優勝記録を塗り替えた宮里美香の後輩。今年念願の日本ジュニア初出場を果たし、いきなりの好スタートを叩き出した」

初日は暑さに強い沖縄勢の二人が走り出している。

二日目も、天候は前日同様、曇りのち晴れだった。前栗蔵は69を出し、トータル8アンダーの139で、二位の上田翔太に3打差をつけて二連覇した。

石川遼は崩れて77を叩き、伊沢秀憲と七位タイに入った。二日目の戦況を「JGA年鑑」から次に引用する。

「首位スタートの前栗蔵は、この日もベストスコアの69をマーク。トータル8アンダーで二位の上田翔太に3打差をつけて大会二連覇を果たした（中略）。同郷の富村は緊張から2オーバーとスコアを崩したものの三位と健闘を見せた」

沖縄のジュニアが、宮里優作以来、注目された時代だった。

実はこの大会でも、遼のゴルフは大きく変わり始めていた。スコアメークよりも飛ばして、バーディーをとるゴルフに変身を始めていたのである。

遼は、曲がるのをこわがらず、ドライバーショットで250から280ヤード、さらには300ヤード先を目指していた。

父親の勝美さんは、この日の遼を見ていて「目指すものが、父と子で違ってきたのである。私としては、遼をアマチュアの富士山に登らせていると考えていたが、遼は本気でプロゴルファーという富士山に挑んでいた。それからの私は、遼がドライバーで曲げても悲しく思わなくなった。打った遼が一番悔しいはず。どんなにスコアを悪くしても、遼は自分の信じる道を歩き続けている」と語る（同書より）。

反省と課題の親子ミーティング

石川遼は、何ごとでも積極的にやる。身長も伸び、手足も長くなった。脚力が強化され、100メートルを十二秒七で走る。

中学で陸上部員だった遼は、三年生の春の陸上競技大会に出場が叶った。これまではゴルフの試合と重なったりして出場できなかった。三年の時はみんなと走れる遼の喜びと笑い顔が想像できる。

クラスの友達を大事にしてきた遼は、陸上部顧問からの信頼も厚かった。遼のゴルフを理解してくれた一人である。

この熱血先生は、自分でもゴルフを研究し、遼のためにも、足腰をつくってくれたそうである。ゴルフの試合と陸上の公式競技が重なって競技に参加できない時も、事情を理解して、むしろ遼を後押ししている。その意味でも、石川遼は、中学校で良い先生に恵まれた。

中学三年の時の秋の運動会は幸運にも、ゴルフの試合と重なることもなく、出場できた。それよりも両親を心配させたのは、遼が運動会の実行委員長を務めたことである。ゴルフの練習ができないからだった。

この実行委員長は、遼自ら立候補している。実行委員長となると、準備からリハーサルまで、リーダーシップを発揮しなければならない。果たして、ゴルフの練習ができるものか、そこが心配になる。だが学校でもリハーサルを無事にこなしながらも、自宅での素振りは欠かさなかった。

体育祭の時、クラスの五人でムカデ競争のシーンをとった一枚の写真があるが、遼は先頭に立ち、左手にバトン、右手人さし指は天に突き上げられている。テープをカットする寸前の写真で、一位になったのだろう。後ろ四人のクラスメートたちとともに「やった！」という表情で叫び声が聞こえてくるような写真である。カメラが好きな父、勝美さんが撮《と》ったのだろうか。この写真から、石川遼はみんなよりひと回り大きく背が高い。

ゴルフの方は、埼玉県ジュニア選手権に優勝する前に、男子プロの初戦である東建ホームメイドカップのマンデートーナメントに挑戦した。

二〇〇六年の東建ホームメイドカップは、舞台が岐阜県の東建塩河ＣＣである。この土地は四月上旬とはいえまだ肌寒い。桜は満開だが、北風が強く、取材する記者やギャラリーは長く立っておれず、筆者は風の当たらない斜面に腰を下ろして観戦したことがある。

この年の大会は、遼の師匠となるジャンボ尾崎にとり、破産法で裁判が結審し、債権者に向こう十年間で二億三千万円（推定）近いお金を返済することで決着した直後の再スタートの第一戦だった。

ジャンボの御殿も裏の工場、練習場も、年初めに取りこわされ、更地《さらち》になるという、居たたまれぬ逆境の年明けだった。他人に渡った御殿跡には、小さな分譲住宅が十六軒も建ち、跡形もなくなっていた。

ジャンボ自身は千葉市郊外の廃棄物投棄所跡に友人が造成した練習場横のプレハブ小屋で寝起きし、再建に向かった。一日五百回のスクワットをこなし、小学校時代からの友人でキャディーを勤めた四国の佐野木計至に、

「オレはへこたれんぞ！　キャディーをやってくれんか」

と電話をかけている。

その第一戦が、遼が初めてプロの試合に出るため、プロたちと一緒にマンデー戦を受け

た東建ホームメイドカップだった。残念ながらこのマンデーは突破できなかった。

石川遼はこのほかにも、フジサンケイクラシックの出場権を賭けたフジサンケイジュニア戦に出場した。しかし1打足りずに出場権がとれなかった。

プロの試合に出たい願望はそれでも捨てきれず、七月四日から東広野GCで行なわれた日本アマチュア予選会に出て、本戦出場を狙った。これも力が出しきれずに81・74でカットオフになった。出場資格がとれなかったのである。

四回目の挑戦は、日本オープンの予選会である。最終選考で十四位に入れば、霞ヶ関CC西コースでの日本オープンに出場できる。

予選会場は四ヵ所。石川親子は小学三年生の時から予選会に出ている鳥山城CCを選んだ。試合は一日ワンラウンドの一発勝負。

結果は1アンダーの71で合格、八月二十八日からの最終予選会に出場した。アマは七名が出場した。さすがに最終予選会の壁は厚く、わずかに及ばなかった。アマ七人とも突破できなかった。

しかし、石川遼はプロたちと一緒に戦って多くのことを学び、確かな手応えを感じとっている。その一つがプロたちが一打一打に集中する姿である。

もう一つは、バンカーショットとパットがアマとは格段の上手さがあったことである。

そこで終わってからの石川親子は、習慣としている「反省と課題」の親子ミーティングになる。このやり方は、プロになってからも変わらない。

筆者は何度も、親子とキャディー、ヨネックスのプロ担当の宇野氏が、レストランで約一時間、食事しながらミーティングしている姿を見てきた。

予選落ちした日本プロ選手権二日目の夕方も、クラブハウスのレストランの片隅で、親子と担当者、キャディーが「反省と課題」のミーティングに入っていた。

石川親子のミーティング制度は、やりっ放しにしない、メリハリがはっきりしていることである。そのせいだろう、遼は明日に向かって、心あらたな気持ちで、立ち向かっている。

この頃は体に筋肉も付き始め、ドライバーの飛距離は280ヤードに達した。すでにプロを目指していた遼は、前年夏のアメリカジュニア大会で、みんなが300ヤード近いドライバーショットを放ってバーディートライに出ている姿を見てきている。彼も、「飛ばしてバーディー」という、プロのコース攻略に挑戦している。

アマチュアの試合では、そうはいかない。グリーンにのせてのパットのパーとか、ロングホールは3オンの2パットのパーで、たまにバーディーが出て、優勝スコアが2ないし3アンダーというところになる。

遼は、マンデー戦でプロたちと戦ってからは、パー取りでなく、バーディーを重ねるコース攻略に切りかえていた。そのため四つあるロングホールは、たとえ池やバンカー越えであろうとも2オンを狙った。はずしてもうまくアプローチしてバーディーパットを沈めるというスコアメークである。

この攻略は、ツアープロ級の攻略法だが、すでに遼の頭も体も、そちらの方に切り変わっている。父親の勝美さんも、そんな息子のゴルフをこう書いている。

「私の目指すアマチュアの理想のゴルフから方針は外れていった。アマチュアの最高峰日本アマチュア選手権は、パーを続けるゴルフでなければ勝てない。中学一年当時の遼のドライバーショットは、それほど飛ぶ方ではなかったが、曲がらなかった。あとはアプローチとパットを磨けば、中学三年で日本アマでもいい成績が出せると考えていた」

遼は、300ヤードへの挑戦に必死で振り回した。たとえラフに入ろうとも飛ばした。そこからリカバーして、悪くてもパーで切り上げている。曲がってももがき苦しむ姿を、父親の勝美さんは、じっと見守り続けている。それは、息子を信頼していたからであろう。

また、こうも書いている。

「私は遼が中学三年生になると、スコアを気にしないゴルフをやらせるために、バーディの数にこだわった。スコアを気にしないことは、ゴルフをやっていて高いハードルだと思う。成績は全てがスコアで決定される。ドライバーの飛距離やバーディの数なんか関係ないわけで、おのずと成績も落ちてくる」

ドライバーで果敢に攻める

中学三年になった第一戦の東建ホームメイドに続いた試合が、六月四日からの関東アマチュア選手権である。遼はたて続けに、大人の中に入ってショットを磨いている。それもバックティーからの競技である。

場所は名門にして難コースの大洗GC。大会は三日間制54ホール。遼にとっては初めての長丁場となった。遼は関東ジュニア所属という資格で出場している。

初日トップに立ったのは4アンダー68の伊藤勇気。遼は難コースでもドライバーを振り回し、曲げながら飛ばしての77。

二日目も狭いホールをドライバーで打ち、パープレーの72。ベストスコアは日体大の木下裕太の68。

最終日のベストスコアは杉並学院の宇佐美祐樹の69。石川遼はこの日もスコアにこだわらず、280ヤードのドライバーショットを放ち、バーディー取りに出たが、高い松枝に遮《さえぎ》られて76を叩き、順位は七位タイに入った。大人にまみれながらの七位は立派である。

第三戦は七月四日からの日本アマで、予選ラウンドで81・74を叩いて本戦進出はならなかった。しかし、アマ最高の雰囲気を味わった。

第四戦は八月二日からの関東ジュニア選手権。場所は千葉CC梅郷コース。試合は高校生が二日間の36ホール、中学生は一日18ホール。

　この日は松伏町の自宅が近く、勝美さんが運転する中古のワンボックスカーで移動した。石川遼は73ストロークで三位タイに入った。

　その翌週の八月七日からは、群馬県のローズベイCCで全国中学校選手権が行なわれ、石川遼は初日72のパープレーでスタートする。翌二日目は5アンダーの67を出して五位タイになった。

　この日も、ドライバーで果敢に攻めている。しかし遼より飛ばす大人たちを相手に、バーディー取りに出た。

石川遼にとって、この年の日本ジュニア選手権は格別のものだった。十二歳から十四歳の部では初出場である。場所は霞ヶ関CCの東コース（パー71）。赤星四郎設計コースで、昭和三十二年のワールドカップ大会用に、井上誠一がコースを改造して難易度が高い。

　個人優勝した中村寅吉プロは18番ホールの第二打を3番ウッドで狙ったが、チタンドライバーになると、今日ではミドルアイアンで2オンさせている。

　初日トップに出たのは1アンダーを出した香南中学三年の原敏之と常盤中三年の伊藤信吾の二人。71・72を出した者はいなく、三位タイは2オーバー73ストロークの石川遼と大堀裕次郎（学文三年）の二人。

　この日の天候は猛暑で、曇のち一時雨となった。

遼は曲げながらもドライバーで280ヤードを放った。パー4のホールでは第二打をサンドウェッジで乗せて、みごとなバーディーを決めている。

ロングホールは、ティーショットから2オン狙いに出た。思い切り振り回し、叩いた。しかしボールは右や左の林に飛び込む。そこから2オンさせ、イーグルチャンスをつくっている。

ともかく、全ホール、バーディーを取りに行った。パットが強くて3パットのボギーも叩くが、次のホールで、またティーショットからバーディーを狙った。

コーチである勝美さんは、中学二年の頃から「バーディーはゴルフの神様の贈り物」と教えている。偶然のバーディーに頼らず、狙って取るゴルフである。

勝美さんは遼が三年生になってから、毎試合スコアのほかにバーディーの数を付け加えて記入させるようにした。その時のことをこう書いている。

「私も遼もスコアを気にせず、バーディ数だけにこだわるゴルフに取り組んだ。あえてアマチュアゴルフの鉄則を外れることになるが、それはプロレベルのゴルフへの脱皮へとつながる過程になるはずだ。このことは、私のファインプレーだと思っている」

だから、周囲からコースマネジメントの必要性を言われても、コーチの勝美さんは、二人の方針を変えなかった。

日本ジュニア二日目にスコアを74と伸ばせずに五位タイになっても、後悔はしていない。

この大会で優勝したのは香南中三年の原敏之で、スコアは143ストローク。二位の岡部大将は145ストローク、石川遼はトップと4打差の147ストローク。

ＪＧＡ年鑑はこの日の競技内容を記録しているが、優勝した原敏之と、身長173センチ、体重77キロの岡部大将を、「ドライバーショットが魅力の大型選手」と賞賛しているが、石川遼の可能性は、まだ見抜けなかったらしい。

中学生最後の試合は、卒業直後の三月二十七日と二十八日の二日間、瀬田ＧＣ東コースで行なわれた文部科学大臣楯争奪高中選手権大会である。前年は三位に終わったが、今年は中学最後の試合とあって、取りに出た。石川親子は、ワンボックスカーで滋賀県大津へと出かけた。途中、コンビニで赤飯のおにぎりを買い、食べながら観戦する。

遼は中学の部に出て、初日69を出した。ドライバーがよく飛んだ。春先のフェアウェーはまだ固いのでボールがはずむ。遼は時々300ヤードのドライバーを放っている。

二日目は73と伸び悩んだが、それでも二位に2ストロークの差をつけて、この大会で初優勝した。ちなみに、高校の部で優勝した沖縄の前栗蔵俊太（石垣二中から鹿島学園高）は139ストローク。その差は3ストロークである。

また高校、中学生で60台を出したのは前栗蔵と遼と美濃加茂高二年生の山口豊選手ら五人だけだった。遼が高校進学を決めていた杉並学院からは薗田峻輔（二年）が145ストロークで五位タイに入っている。

第5章

家族、愛、感謝

新しいボール、クラブを使って

新しいクラブとの出会いは、誰もがゴルフをさらに一段と引き立てる。「気分15ヤード」という言葉があるように、物の考え方、取り組み、そして気持ちも体力も前向きになる。

石川遼がニューボールを使い出したのは烏山城CCでの予選会に出る前後である。父親の勝美さんが「これ、使っていいよ」と差し出すと、小学三年の遼は目を細めて、

「本当に使っていいの?」

と喜んだ。それまでは、一流メーカーの安いロストボールだった。飛距離、機能性はほとんど変わらないが、しかし「気分は15ヤード」と、違った。

もっとも顕著だったのが、小学五年生の時に、ヨネックスのニュークラブを使い出して

からである。生まれて初めてのラウンドクラブに気持ちをよくした。それからの遼は練習の量が増えた。スコアもバーディーを取るようになる。

二〇〇八年一月十日にプロ転向した際、将来の使用クラブを迷わずにヨネックスに決めた理由は、小学校五年の時に手にしたフィーリングを大事にしたからである。

小学四年、五年、六年と三年の間に、身長が１センチ伸びるごとに３ヤードのキャリーホールが伸びている。

小学校六年生になった春頃は、ドライバーで２００ヤードの飛距離を出していた。

父親の勝美さんが息子の遼に、ヨネックスのニュークラブをワンセット買って上げた時の感想をこう書いている。

「遼の喜びようは大変なものであった。私はそんな遼の姿を見て、つくづく思った。レストランの食事も、新しいボールもクラブも、金持ちのジュニアにとっては当たり前のことだろう。しかし、貧乏だからこそ、その喜びは大きくなるのではないか、と。そこから物を大事にする心が芽生えるはずだ」

どこまでが貧乏か貧乏でないかのライン引きは別として、信用金庫のサラリーマンの給料で高額の住宅ローンを組んでいる状況を考えれば大よその見当はつく。

父親は趣味をすべて諦《あきら》め、中古のワンボックスカーで家族旅行や遼の送り迎えをしている。

観戦する時、また遼のキャディーをやる時は、妻がつくってくれた「おむすび」を持って出かけ、外で食べている。間に合わない時は、コンビニで腹もちがする「赤飯」のおむすびを買い、クラブハウスの外で食べた。

家族で外食することはなく、一般の銀行員の家族同様に、切り詰めた生活をしていた。しかし家族にとり、遼が勉強とゴルフに打ち込む姿には、心から癒《いや》された。

こんなエピソードが、『バーディは気持ち』の中に書かれている。

「我が家は家のローンのこともあって、いわゆる贅沢をしたことがない。家族で外食するのはもってのほか。夏のラウンドには、ディスカウントショップで大量に買い込んだスポーツドリンクをペットボトルに小分けにして持参する。昼食は家内のおにぎり。移動は、中古で買った製造から十六年を経たワンボックスカー。この車は、先ごろ（二〇〇七年秋）、ついにラジエーターが破損し、やむなく廃車にしてしまった」

「遼は小学校二年の夏休みのことだった。あるゴルフ場で親戚の者と一緒にプレーした。昼食をレストランで摂ったのだが、遼にとってはそのようなレストランでの食事は、滅多にない贅沢なこと。注文したハンバーグを前に『お父さん、これはお母さんには内緒にしておこうね』と言うのだ」

切り詰めながら、遼のゴルフを援助する家族の姿が読みとれる。

二〇〇三年の夏は、遼が小学校六年である。この年はテーラーメイド主催の同じくジュニア大会、烏山城での小学校最後のジュニア大会予選会に出場している。

この年の夏は、恒例になっている家族全員でのキャンプ場に出かけている。そこのキャンプ場にパターで遊べるところもあり、家族全員でパター競技をしている。

昼間は、勝美さんが運転する車で試合会場に行き、夕方キャンプ場に戻る。他の人はホテルに泊まってコースに出かけているが、石川家ではホテル代を倹約して、キャンプ場から出かけた。

練習ラウンドが終わってキャンプ場に戻った時である。夕食が終わると、遼は車からキャディーバッグを取り出し、三十分ほど素振りした。その後で近くを三十分ほどランニングして戻ってくる。

すでに明日は5アンダーを目標にしていた。そして、烏山城ＣＣでは64を出して優勝した。

この夏の一勝は十一歳の石川少年には大きな自信となった。そればかりか、冬の日本ジュニア大会予選会でも一位になる。横尾要杯やテーラーメイドジュニアでも勝った。この三つの優勝が、次の年の世界ジュニア選手権十二歳から十四歳の部の日本代表選手選考の決め手になるとは誰一人想像もしていない。

「ばあちゃんも天国でゴルフをやってみてね」

ニュークラブを買ってもらった直後、大きく進歩した例には、石川遼の先輩、宮里優作がいる。優作は、小学校六年生まで、父親のお古《ふる》を使っていた。

小学六年の秋は、父優さんが村長選に落ちて浪人中の身である。後一年で恩給がもらえるという四十一歳の時、村長選に出馬して落選し、それまでの職場も失い、再就職先を捜していたさなかである。

長男の聖志は受験で、地元の興南高校に行くか、スポーツ校として名高い、大阪の桐蔭高校に行くかと進路に迷っていて、気苦労が多かった。

二男優作はゴルフのテレビ中継を見ていて、尾崎三兄弟の末弟の直道のファンになっていた。直道が使っているブリヂストンのジョーモデルが欲しいと思ったが、口に出せない。しかし優さんは、そんな息子がふと呟いたのを見て、有り金をはたいてフルセットで買ってやった。

その時の優作の喜びようは想像するまでもない。聖志も妹の藍も、手にさわってボールを打っている。

優作は翌年の三月、熊本での九州高等学校ゴルフ選手権小学の部に出て優勝した。必死に喰《く》らいつきながらの優勝だった。

その年の七月は、優作が中学一年生の夏休みである。沖縄ではジュニアゴルフ選手権が行なわれ、初優勝した。八月の沖縄ゴルフ事業連絡協議会大会にも優勝する。ニュークラブを買った喜びが、そのまま成績に表われている。それに祖母思いでもあった。

石川遼も初優勝した時、祖母の墓前に報告している。祖母シマさんは遼が小学校五年の時に亡くなった。遼は葬儀で、

「ばあちゃんも天国でゴルフをやってみてね。ぼくと勝負しよう」（『バーディは気持ち』）

と手紙を書いている。

以来、試合のたびに真っ先に祖母の霊前に報告するのが習慣になっていた。

宮里家、石川家の三世代文化とは

宮里家も石川家も三世代が同居し、三世代文化を築いている点でも共通している。

宮里家は沖縄県北部の農家で、父親の那三郎は農業のかたわら東村の村会議長をしていた。長男の優さんは小学校三年になると父親と鍬《くわ》を振るって荒れ地を切り開かされた。

母親の信子さんは、旧制の三高女卒で戦後は農業改良普及員という琉球政府の職員だった。父・那三郎の死後は母と優さん夫婦、そして三人の孫が一緒の家で生活した。優さんが四十一歳の時に、村の改革のため村長選に立候補して落選するが、家族の会話になった

のが子供たちのゴルフだった。

祖母の信子さんは、長男聖志、二男優作、長女藍の三人が、夕食後にゴルフの話をするのが楽しみだった。子供三人の話はそれぞれ違ったが、グリップや体の捻《ひね》りなど、技術的な話題になると、家の中が明るくなった。

再就職がなかなか決まらず、悶え苦しんでいるさなか、父親の優さんが家にいない夜はゴルフの話題になった。まずアメリカツアーが今日ほどテレビ中継されていない頃で、タイガー・ウッズを見る機会もない。

優作は尾崎直道が好きで、モノまねする。それを見て、兄と妹がゲラゲラと笑う。すると、暗く沈んでいた空気が、ぱっと明るくなる。

長男聖志が生まれて初めて全英オープンに出場したのは二〇〇二年、ミュアフィルドでの試合だった。背丈ほど伸びたラフに、タイガー・ウッズが苦しみ、予選落ちした試合だが、当時筆者は、「週刊新潮」の仕事で取材に出かけていた。

宮里夫婦も応援にきていて、私は一緒に歩いた。その時、一家を地方公務員の薄給で支えた妻の豊子さんがふと、

「あの時、親子でゴルフの話になって、家の中が明るくなり、思わず泣いたんですよ」

と語ったことを覚えている。

夫の優さんはこう書いている。

「長男の聖志が生まれたときから、私はゴルフを通じて子育てしようと考え、実践してきた。日常の挨拶から始まって、マナー、努力の大切さ、生活にめりはりをつけること、およそ人が生きていくうえで大事なこと、すべて私はゴルフを通じて教えてきた」

「私自身、貧しい中にも父親の愛情を感じながら育っている。それを同じように、わが子どもたちにも気を配り、共通の話題を持ちたかった。その共通の話題が、わが家の場合はゴルフである。ゴルフを通じた小さな会話の積み重ねが、私と子どもたちの親子の絆を固いものにしたのだと思う」

ミュアフィルドで予選落ちし、うす暗くなった道をクラブハウスの正門前まで一緒に歩いて三人を送った時、筆者は「長男がダメでもこの家族からは優作、藍が続くだろう」と信じた。

この時には、すでに祖母の信子さんは亡くなっている。筆者は東村の宮里家を、沖縄の友人と一緒に訪ねたことがある。その頃はようやく優さんがティーチングプロとして立ち上がったばかりだった。優作が中学の二年生で、日本ジュニアで初優勝した秋である。

その日、優さんは筆者の取材のため、わざわざ名護の練習場から戻っていた。この時に出会った祖母の信子さんが、私と友人にお茶を出してくれた。優作が帰宅するのを待って砂浜に出かけたが、恩給の中から孫たちを支援していた祖母は、試合があると、「お肉代」と称して優さんを通じて小遣いを孫たちに届けている。

長男聖志が近畿大学を中退して沖縄に戻り、自宅から研修先のベルビューCCまで通うが、その時もお小遣いをあげて応援した。その祖母は、聖志が最終プロテストに残っている間も、病床で祈り続けた。

そして茨城県のセントラルCCでの最終結果が出て、それを病床の祖母に伝えるが、四、五日間すでに意識がなかった祖母は、「合格」の報《しら》せを受けると、病床で心もち両腕をもち挙げると、「バンザイ」とかすかに叫び、そのまま永眠した。

石川家も、「ゆめみ野」団地に引っ越して間もなく、両親が同居し、三世帯住居になり、賑わった。祖父は小学二年の遼に練習場で伸び伸びとボールを打たせようと、バスに乗って出かけたり、近くの公園でパターを一緒にやったりして、楽しんでいる。

ゴルフスクールが人間の基礎をつくった

父親の勝美さんは、試合の後では食事中でも試合を振り返っての反省会を行なっている。これはプロになってからも続く。それも厳しい質問責めである。

たとえば、「今回の反省すべき点は何か?」から始まり、「これからの課題は何か?」を問う。

遼は、たくさんの反省と課題があるか、思い出すままに並べる。どうしてそうなったか

にまで触れる。1メートルのショートパットをはずしたことを反省と課題にすると、父親の勝美さんは最後に、

「1メートルのパットは絶対ハズすな」と厳しく言う。

遼にとっては大変なプレッシャーだが、しかし父親が送り迎えの車の運転も含めて、休みなく支えてくれている姿を見ているので、感謝の気持ちで受け入れる。

三世代の生活は、こういう時に、意外な効果を生む。たとえば石川家では、祖母が二人の会話の後、

「いつも勝つよりは、たまに負けた方がいいんだよ。遼が下手だから負けたんじゃないよね。遼が一番上手《うま》いのは誰でも知ってるから」と言って庇《かば》ってやった。

祖母は遼が小学五年の時に亡くなるが、その後の庇い役は祖父だった。石川勝美さんは三世代家族のありがたさをこう書いている。

「私は、そうした子供たちにとっての避難場所があるから厳しくできたのではないかと思っている。また三世代が同居することによって、高齢者に対する心配りも、こうした環境の中で育《はぐく》まれて行ったのだろう」

「教育とか文化とか、そんな堅苦しいことは意識していなかっただろう。しかし振り返ってみれば、我が家には三世代にわたる文化があったような気がする。父母から受け継いだものを土台にして、私の子供たちが成長したとするならば、教育とは、短期間のその場限

りの行為では決してないだろうと、しみじみ思うことがある」

「昨今は核家族化が進み、おじいちゃん、おばあちゃんと同居している子供は珍しい。我が家は、その珍しい一家でもあった。両隣りのお宅にもおじいちゃん、おばあちゃんが同居している。年齢を重ねれば、人間は力が弱くなり、耳が遠くなったり、徐々に体が不自由になる。お年寄りが身近にいれば、そういう人たちへの心配りも自然と身につくはずだと思う」

イギリスでは、大学入学が決まると入学前の一ヵ月間、老人福祉センターなど、福祉施設でボランティア活動が義務づけられている。「国家とは福祉である」という政治の最終目的を、実際の現場で見せて、体験させるためである。年寄りを大切にする、そのために若いうちから福祉のために国税を払うという、納税の目的も理解される。

どこかの国では、戦前は礼儀、両親や年寄りを大切にすることを教育され、道徳は世界一だった。今では礼儀作法も言葉遣いも教える人がいないし、汗水流して働こうとせず、老人を大切にしない三流国家になり下がっている。

その点、ゴルフは剣道と似て、人間形成上、格好の手段である。石川勝美さんはこう語っている。

「ゴルフはまず人間が正直に育つ。礼儀正しい人間になる。私が遼に初めに教えたのはスイングである。遼が初めて参加した関東ゴルフ連盟のジュニアスクールでは、まずマナーを教えられたようだ。挨拶やゴルフ場での立ち振る舞い、ゴルフができることへの感謝の気持ちなど（中略）長い目で見て、成長する人間の基礎を作ってくれたのが、このゴルフスクールであったと思う。試合からは、友情、ライバル、自立を学んだと思う」

そして遼には、こう言って諭《さと》す。物凄い名言である。

「落としたスコアは練習で取り返すことができる。しかし失った友達を取り返すのは難しいぞ」

挨拶、マナーができて一流のプレーヤー

日本でジュニア育成の急務が叫ばれたのは今から十二年ほど前で、日本ジュニア協会結成を呼びかけた。全国津々浦々にまで組織化され、ジュニアがスクールに入ってゴルフを学ぶ機会を提供した。

そのきっかけとなったのが、宮里三兄妹の出現である。それまでのジュニア教育はプロになるステップの性格が強く、底辺の子供まで手が回らなかった。

ところが沖縄で三兄妹が生まれ、文武両道の少年ゴルファーが注目され、ジュニア予選会も各地で行なわれた。石川遼少年も小学三年生の時に予選会に出場し、競技の楽しみを体得した一人である。

ジュニア協会結成のきっかけとなった宮里三兄妹の父、優さんも、石川勝美さんと同じことを十年前に『学校一番ゴルフ二番』の中でこう書いている。

「人間関係の基本は挨拶、マナーである。どんなに優秀な人であっても、人間関係をきちんと結べないようではいけない。ましてやプロゴルファーは、その一挙手一投足がギャラリーから注目される。人気があってこそのプロ、ファンあってのプロである。特にゴルフはマナーを重んじるスポーツである。挨拶やマナーができていないようではゴルファーとして一流にはなれない。

もちろん、礼儀正しくあらねばならないのはファンに対してだけではない。誰に対しても裏表なく礼儀正しく対応できること。これはゴルファーというよりは、むしろ人間としての基本だろう。だから私はマナーに反することを子供たちがやったときは、ひっぱたきさえした。

謙虚さを失ったときも同様である。自分に自信を持つのはいい。だがそれが他を見下すような慢心となると、これは話にならない。人格を疑われ、周囲に嫌な思いをさせるだけだ」

「他人への思いやりは人間関係の基本である（中略）。わが家では周囲の人々に支えられながら子供を育ててきた。そのためには先ず愛される人間関係でなければならない。愛されるために人格を磨く、これはしごく当然のことである。ゴルフは孤独なスポーツである。

だからこそギャラリーに愛され、ギャラリーを励まし、励まされるゴルファーであってほしい」

ここで、石川勝美さんの文章をもう一つ紹介しよう。『ゴルフのゆりかごから大空へ』の中でこう書いている。

「私は遼にゴルフを強制したことは一度もない。将棋もやらせたし、スイミングスクールにも通わせた。しかし遼の幼年期を思い出してみれば、家の中にはゴルフしかなかった。私の買ったゴルフ雑誌、私が見るゴルフ中継、短く切った5番アイアン、そして庭の芝、何回でカップインするかを競うゴルフは、三歳の子供でも理解できる。それに加えて我が家にはゲーム機を買ってあげる余裕もない。遊園地など入場無料の施設にしか行ったことがない。母親の読み聞かせる童話とゴルフしか遼の周りにはなかったのかもしれない。

生まれたばかりのヒナが初めて目にするのは、エサを運んでくれる親鳥だろうか。それとも限りなく広がる青い空だろうか。遼は生まれたときからゴルフに囲まれていた。数少ないゴルフ用具だけが遼の周りにちらばっていた。両親が作った巣の中でゴルフを楽しんでいた。悔しいこと、悲しいこともあったのは間違いない。しかし思い返せば、出会った人々に本当に優しくしていただいた。それはやわらかな陽射しとなって、遼は成長して行ったのである」

第6章
無名の十五歳の少年

夢は叶えるものではなく持ち続けるもの

埼玉県松伏町の自宅から東京都杉並区の杉並学院までは片道二時間である。三回の乗り換えになる。

石川遼が両親と相談して入学を決めたのは、文武両道が学院の教育方針だったことだった。その他にも全寮制高校からの誘いがあったが、これは両親の反対で取りやめている。両親は公立高校に入ってゴルフを続けて行く道も考えた。が、ゴルフの試合に打ち込めなくなりそうで、本人も悩んだ。結局、通学には遠いが、本人の意志を尊重する形で、杉並学院を選んだ。

そのかわり、父親の勝美さんは二つの条件を出している。一つは、決してエスカレータ

ーを使わず、階段を上り下りすること。二つ目は電車の中で英会話のCDを聞くことだった。

しかし通学が始まると、両親とも大変なことになった。団地から駅まで、さらに東武線、山手線、中央線と乗り継ぐには朝五時過ぎの起床である。朝食をとって家を出るのは六時。それから八時過ぎには学校に入る。

夕方は六時に駅に着く。帰宅すると着替えて練習場に向かう。とても夕食を摂る時間はない。

苦肉の策として両親がとったのは、両親が遼の夕食弁当をつくり、両親のどちらかが運転する車に乗せて三十分先の練習場に向かう。遼はその間の車の中で夕食の弁当を食べるという方法である。

ここにも、学校の勉強をして、学校の友達を大事にし、残った時間をゴルフの練習に当てるという勝美さんの「文武両道」の姿勢が貫かれている。

同じことは沖縄の宮里家にもあった。子供たちは、帰宅するとまず机に向かい、予習復習をして、それからゴルフの練習に入った。宮里優さんは村の教育委員会の仕事をしているだけに、教科書を使い予習復習するだけで十分、との考えである。小さな村ではあるが、それでいて成績は三人とも一、二番だった。

石川遼は中学を卒業して間もなく瀬田GCでの文部科学省大臣楯争奪戦に出て、中学の部で優勝するが、その後、三重県の多度にある東急多度ＣＣでの東建ホームメイドカップの予選会に出場した。昨年は予選落ちしていて、今回は二度目の挑戦。

瀬田での試合が終わり、勝美さんが運転する車で関ヶ原を越え、南下してコース入りしている。この年から舞台が東建多度ＣＣ名古屋に変わった。名古屋とは名ばかりで所在地は三重県桑名市の北、多度町である。

だがコース攻略、中でもパットに苦戦して予選落ちした。それでも次の機会を狙った。

父親の勝美さんは、プロの試合に出て慣れることのほかに、やはり関東アマ、そしてアマ界最高峰の日本アマチュア選手権に優勝することを目標にしていた。日本アマに優勝すれば、十月の日本オープンに出られる。前年はいずれも力不足で果たせなかったが、二〇〇七年大会が相模原ＣＣで行なわれることもあり、ぜひ出場させたかった。

しかし、開幕戦の予選会をクリアできなかったことは、やはり十五歳の石川遼にはショックだった。それでも入学後は六時に帰宅すると、父親または母親のどちらかが送り迎えすることで練習場に行き、打ち込んでいる。

そんなさなか、マンシングウェアオープンＫＳＢカップの予選会の報せを受ける。五月十七日から岡山で行なわれる大会の二週間前に予選会があり、上位四名が試合に出場できるという報せである。

幸い学校側の理解もあり、石川遼は岡山まで、監督と予選会に出かけた。遼の夢を実現させてやりたい親心からだった。

勝美さんは「夢」について『バーディは気持ち』の中で、こう書いている。

「夢は叶えるためにあるのだろうか。叶えることが大切だろうか。もちろんそれが理想ではある。しかし夢に価値があるとすれば、その価値とは、どんな夢でも持ち続けることである。何かの事情によりその夢を断念することになっても、次の夢を求めて努力する。運よく夢を達成しても、その先にも夢があるだろう。どんな人にも夢がある（中略）。夢は叶えるものではなく、持ち続けるもの」

そしてこうも言う。

「子供と真剣に向き合って、自分自身も少しは成長したと考えている。人間の生活の回りには多くの夢が発見できる。そんなものは……とか、無理に決まっている……と大人が判断してはいけない。子供が気がつくまで待ってあげてほしい」

目立ちたがり屋の性格を見抜いた監督

マンシングウェアKSBカップ予選会は、残念ながら2打及ばず十位に終わった。上位四名に入れなかった。遼は残念がったが、この大会でも難易度の高いコースセッティングに感動を新たにし、プロのトーナメントに出たい意欲がますます高まる。

遼は、予選会が終わると、杉並学院へ通学し、新しい高校の教科書を広げて勉強に励む。そこに、ゴルフ部の吉岡徹治監督から朗報がころがり込む。それは、四人のほかにアマチュアから一人、石川遼が出場できることになった、との報せである。

この経緯はトーナメントの鶴川信一郎事務局長が推薦し、採用されたものだった。鶴川事務局長は、遼の礼儀正しい振舞いに感銘し、石川遼をアマのトップ成績を理由に、特別ともいえる枠をつくったことが、後で分かった。

今回のマスターズ特別枠での招待といい、石川遼には、何か人を引き付けるものがある。大会は五月十七日から二十日までの四日間、岡山県玉野市の、瀬戸内海に突き出た半島のシーサイドコース、東児が丘マリンヒルズGC、パー72である。全体にワイドでフラットホールが多い。OBゾーンは少なく、コースからは瀬戸内海と島々が見え、心が癒される。

コース全体は豪快なショットが打てるホールが多く、それでいて上がり3ホールは戦略性に富んでいる。池と砂のバンカーが待ち伏せる。

岡山県の経済人が、山間部のコースと違ったシーサイドコースを望み、平成三年に竹中土木のコース設計で開場している。

引率者は吉岡監督。これまで多くの選手を育ててきた。生徒にヤル気を起こさせることで有名だった。その意味では、遼が通学に片道二時間とはいえ杉並学院に入学したのは正解だった。

この季節には珍しく、初日から暴風雨となり雷雲が接近した。そのためスタート時間が一時間遅れる。また競技中に雷鳴が近づき、中断となる。すでに第一組は、アウト・インコースともホールまで進んでいたが、悪天候のため、中止になる。

二日目は第一ラウンドの残りを続行するが、この日も雷雲接近で午後五時前から約一時間プレーが中断された。

第一ラウンドの結果は、谷口徹が8アンダーの64を出してトップに立った。二位は増田伸洋の65、十五歳の少年石川遼は七十位。危ない位置だ。

第二ラウンドは三日目に続行され、風に強いタイ出身のプラヤド・マークセンが6アンダーの66を出した。二日目のトータルスコアを10アンダーとして首位に立つ。石川遼はロングホールを2オンさせ、3アンダーの69を出し、プロの試合で初めて予選を通過した。

三日目で二日間の予選をこなしたが、最終日は本戦を36ホールでこなすことになり、上位三十三位タイまでの四十一名が、最終日に一日36ホールに進出することになった。これはJGTOトーナメント規程十一条二項目に基づく処置で、これまでにない競技になった。

スコアで見ると2アンダーまでの四十一名が最終戦に進む。この中に、3アンダーの石川遼は二十三位タイだった。実にラッキーだった。1打足りずに1アンダーで上がった選手は八名。

ここから、石川親子のドラマが始まる。

特別枠で遼を出場させた鶴川事務局長も、引率した吉岡監督も大喜びした。吉岡監督は杉並学院の生徒が男子ツアーの決勝に進んだことで上機嫌になり、その日の夕方、遼を岡山市内のデパートに誘った。遼にヤル気を起こさせるため、

「好きなパンツを選んでいいよ」

と言った。遼は驚き、

「本当によろしいのですか」

と嬉しくなって売場を見て歩く。すると吉岡監督は、遼の好きな色が赤だと知っていて、

「赤はどうだ！」と勧めた。

これには理由があった。チャンピオンジャケットが赤だからである。

「赤にはやっぱり赤だろうな」

と助言した、とのエピソードがある。

吉岡監督は、遼が人一倍目立ちたがり屋の性格を見抜いていたのだろう。遼はテレビでプロの試合を見ていて、大ギャラリーが見守る中でプレーしたい、という話を耳にしていたのかも知れない。

この赤パンツが、36ホールを戦って優勝した時のものである。

「明日、十個バーディーを取る」

両親が中古のワンボックスカーで７５０キロ先の岡山に発ったのは五月十八日、金曜日の夜である。翌朝土曜日の七時半頃に岡山市内に着く予定でいた。ところが流れがよくて六時半頃に着き、ギャラリー駐車場に入った。そこからコースまでシャトルバスで移動し、会場に入った。

家族用のファミリーバッジがなく、二人は入口近くで当日売りの一枚四千円のギャラリー券を二枚買って入っている。ファミリーバッジがなければクラブハウスに入れないという不便さがある。

石川夫妻はこれまで観戦の時にしてきたように、この日もコンビニで赤飯のおむすびと飲物を買ってリュックに詰め、息子の戦いぶりを観戦している。

土曜日は予選最終日で、スタート前の息子を見ることができた。声をかけるわけにはいかず、近くから見守っている。寝ずに八時間近く車を運転してきたので、疲れがあったはずだが、息子見たさもあり、緊張して疲れさえ感じなかった。

この朝の印象は感動的で、本の中でこう書いている。

「とにもかくにも、どうにか息子のスタートに間に合った。会話はほとんど交わせなかったが、慣れない環境におずおずと戸惑うばかりの両親とは大違いで、遼はまるで水を得た魚のように見えた。会うプロ会うプロに、自分から頭を下げて笑顔を振りまいている。リラックスした表情には、ああ、いつもの遼だと思って私は安堵した」

遼は18ホールを回り、3アンダーの二十三位で、プロの試合で生まれて初めて決勝に進んだ。

その夜は、両親と一緒に夕食を摂った。遼はスパゲッティを食べた。食べながら父の勝美さんに、

「お父さん、明日の優勝スコアはいくつになると思う?」

と、予想を聞いている。

父親の勝美さんが、

「15か16、13か14もありかも」

と言うと、遼は、

「いや、ぼくは明日十個バーディーを取る」

と真剣な表情で言った。

その時、勝美さんは、

「みんなオジサンは疲れるから、有利だよね」

と言って遼を励ましている。

ジャンボ尾崎、最年長Vへの記事

翌日、つまり五月二十日のスポーツ紙は、マンシングウェアオープンKSBカップと、女子の中京テレビ・ブリヂストンを報道していた。しかし男子ツアーの方は小さく、ジャンボ尾崎の顔写真、それもちょっと白内障の人には判別できないほどの小さな顔写真を載せていた。

スポーツ紙の上の段は、147センチの小柄な馬場ゆかりが上田桃子と首位タイとなり、ゴルフ記事とも芸能記事とも受けとれる編集で女子プロを大きく取り上げていた。

石川勝美さんは、土曜の第二ラウンドが終わった後で、遼が記者たちに取り囲まれて取材を受けていたので、翌朝の新聞がどう取り上げているか楽しくなり、コンビニエンスストアで朝刊の全紙を買い求めた。しかしどの新聞も、申し訳ない程度の記事である。

たとえば日刊スポーツは、「〈十五歳八ヵ月の史上二番目の年少記録で予選通過した東京・杉並学院高一年の石川〉自分らしい攻めのゴルフができて楽しかった」と、たった二十字にとどめている。

紙面の主役は、初日4アンダーと復活の兆しを見せているジャンボ尾崎である。2ラウンド目は4バーディ、1ボギー、1ダブルボギーの2アンダーと伸ばし、P・マークセンの10アンダーとは大差の5アンダーにこぎつけていて、ジャンボ逆転に期待している。

おそらく関西の記者が書いたのだろう、ジャンボ復活を応援する切り口の原稿で構成されている。見出しも、

「60歳ジャンボ尾崎、最年長Vへ長〜い試練。5差10位で最終日36ホール勝負」

と人情味たっぷりである。

書き出しも「尾崎が最年長Vへ十三年ぶりの試練に挑む。この日は71で通算5アンダーと首位と5打差の10位にとどまったが、後半まで首位に1打差2位に迫る頑張りを見せた。最終日は94年全日空オープン以来の36ホールの長丁場。座骨神経痛を抱え絶対に無理と弱気ながら、大逆転還暦Vを目指す」とあり、最終までジャンボ一色。

関西の新聞は、ジャンボがトップグループにくると売り部数が伸びるとのデータもある。この日は各紙も、申し合わせたようにジャンボ一色だった。

その尾崎は記者会見で、16番のOBのことを、

「あんなところにOBがあるとは思わなかった」

と記者たちを笑わせている。

また、日刊スポーツはカコミ記事で、

「60歳の尾崎将司が勝てば02年全日空オープンで自身が達成した55歳7ヵ月29日のレギュラーツアー最年長優勝記録を更新する」と取り上げる。

そのジャンボはさすがに一日2ラウンドはきつく、72・74と崩れ二十四位タイまで後退

した。

しかし父親の勝美さんは、プロの試合で初めて予選をパスしたことと、短いコメントが載っているだけでもうれしかった。「もうそれだけで満足してしまった」と書いている。

高校一年生、逆転優勝の快挙

最終日は第一組で、六時二十分のスタートである。間に合わせるため午前三時四十分起床、ストレッチをやり、監督と杉並学院の先輩でキャディーの塘田隼也とホテルを出た。

コースに着くと練習場で打ち込んだ。

実はこの朝も、遼の後ろの方で、見守るプロがいた。二〇〇一年の日本オープンの時にサインをもらった、ジャンボ尾崎である。ジャンボは、何十人もの選手が並んで打ち込んでいるところで、一人物凄い音を立てて300ヤード近くまで飛ばしている少年がいるのに気づき、手を止めて捜した。

それが見たこともない、赤いズボンをはいた小柄な少年だった。

「あいつは誰だ。近藤か?」

と、首を伸ばした。見知らぬ選手である。

打ったボールを追うと、なかなかいい弾道である。

「いい振りをしてる奴がいるなー」

そう思った。

ジャンボはその時も、また遼が優勝した後も、彼が小学四年の少年だったことを、思い出せなかった。しかし、その練習を見ていた時に、

「将来が楽しみだ。昔のオレみたいだ」

直感するものがあった。

その石川遼少年が、日本オープンの時にジャンボを追っかけてサインをもらったことを打ち明けるのは、それから二ヵ月後のことである。

最終日の36ホールは午前と午後に分かれた。ペアリングは久保谷健一と立山光広である。

遼は「バーディー十個」を目標に、スタートした。アウトの1・2番を連続バーディー、3番をボギーにするが、5番570ヤードを2オンに成功してバーディー。6番もバーディーにして33とした。

インコースは14番をボギーにするが、17番ショートをバーディーとして36、合計69を出し、二十三位から九位に上がった。

それから二十分間のインターバルがあり、あわただしく軽食を摂った。そのまま後半のスタートに入る。

出だしの1番ホールをまたもバーディーにした。続く4、5、7番もバーディーにして、

バーディーの合計は九つになった。あと一つでノルマ達成である。順位は五位に上がっている。

折り返しの10番は短いパットが決まってバーディー。これで十個目のバーディー。とこ

ろが、その後ティーショットがブレはじめる。300ヤード先まで飛ぶがラフに入る。11

番は2オンをミスした。3オンの1パットのパーで切り上げる。ピンチだった。しかし13

番でパットが入りバーディーとした。この時点で順位がまたも上がった。

ところが、大会関係者は、石川遼のプレートを用意していなかったのか、リーダーボー

ドに彼の名前が出ていないのに気づく。

後に、勝美さんの本の中で、その時のキャディーとのやりとりが書かれていて、笑って

しまった。

「何でリーダーボードにぼくの名前が載っていないの？」

「いったい、あといくつバーディーを取れば名前が載るのかな。いいや、残り全部バーデ

ィーを取ってやる！」

リーダーボードに石川遼の名前を載せなかったのは吉岡監督の心理作戦だったことが後

で明らかになる。名前が載らないことで、遼は名前が載るようにバーディーを取りに行く

と、読んでいたのである。

確かに、テレビ中継でも、石川遼の名前はなかった。17番のショートホールで左のバン

カーに打ち込み、そこから30ヤードのバンカーショットをチップインさせた時も、名前はなかった。

同伴者の久保谷は、そんな遼の心理が読めず、

「最後まで攻めている。パットもオーバーさせている。守りに出ていないな」

と大会終了後に語っている。

この日十二個目のバーディーを取った遼は、最終18番で大ピンチを迎えた。2オンは無理としても、3オンさえできなかった。4オンのワンパットのパーで切り上げ66とした。トータルスコアは12アンダーの276ストローク。だが、まだ後続組がいる。

ホールアウトした遼は、ロッカールームでストレッチをやり、中継テレビを見ていた。プレーオフも考え、後は最終組を待つばかりだった。だがトップにいた宮里聖志が伸びず、八組前でホールアウトした十五歳の少年、石川遼が、大逆転して初優勝した。

過去、ローカルの中四国オープンではアマの倉本昌弘が、また女子では東北高校三年生の宮里藍が女子ツアーで優勝しているが、十五歳は最年少優勝である。なお最終日の一日36ホール式で、しかも一番スタートで逆転優勝した例は、一九六九年広島・八本松で行なわれた関西プロでの名人戸田藤一郎がいる。戸田は36ホールで67・64の、一日13アンダーという大記録を残している。石川遼はそれに1打及ばないが、十五歳の高校一年で、しかも初めてプロのツアーに参戦しての逆転優勝記録は、あと五十年は破られないだろう。

石川遼は赤いジャケットに腕を通し、吉岡監督の予言どおり上下とも赤一色になった。

そして優勝スピーチで遼は、

「吉岡監督、お父さん、お母さん、キャディーの塘田クン、そして何より最後まで温かい声援を送ってくれたたくさんのギャラリーのみなさん、ありがとうございました」

「ボクは、世界中の人に心から愛されるプロゴルファーになることが夢です」

と涙をポロポロこぼしながら、感謝の気持ちを語った。

その、うれしさと照れ隠すような表情を、実況中継していたＫＳＢのアナウンサーは、名セリフ、

「ハニカミ王子の誕生」

とアナウンスした。

第7章 凱旋第一戦ラプソディー

2008年10月、ブリヂストンオープン

メディアの扱いが変わった

高校一年生になって一ヵ月余の十五歳の少年石川遼の男子プロツアー初優勝の日をもって、メディアの扱いが大きく変化した。各スポーツ紙は一面カラー頁、または二、三面見開きカラー頁で扱い始める。

これまでは野球、次にサッカーだった。プロツアーは四番手になっていた。それも女子プロ中心だったから、男子ツアーは、せいぜい四、五段。中には申し訳なさそうに、左右の片隅に、タテ2センチの顔写真に四十行程度の記事を載せた報道もあった。

低迷と凋落《ちょうらく》の、なれの果てだった。

だが石川遼の優勝で、一、二面またはラストカラー面の奪い合いになった。元スポーツ紙の編集局長をやっていた友人が言った。「うちでは紙面取りで殴り合いになりそうだったよ」と。

確かに、石川遼に対し、これまでのジュニアやアマ、または新人プロが期待されながら、一過性のものに終わった例があり、冷ややかに見る眼もあった。

テレビ局は一社で二、三クルーを出す態勢をとり始めた。彼らには成績よりも、石川遼のマスクと立ち振舞いが絵になり、それだけで報道の価値があった。

遼の通学ルートをチェックして、高校制服姿をカメラに納める動きもあった。さすがにラッシュアワーの乗り換え駅では、遼の姿は見つけ切れない。そこで杉並学院の正門前や通りで待ち伏せしている。

また遼は一躍有名人になり、顔も知られ、通学途中の電車の中ではサインまで求められる。遼は、「ハニカミ王子」らしく、はにかみながらサインした。彼は、試合が終わると杉並学院の高校一年生に戻り、授業を受け、四時頃には学校を出て家路につく。

二時間かけて帰宅すると、両親のどちらかが運転する車で、また練習場に出かけ、その夜は三百から四百個のボールを打ち込んだ。

凱旋第一戦の主な試合は、六月四日から七日までの関東アマである。場所は千葉CC梅郷コース、パー72。前年のこの大会では七位だった。今年はプロを倒して優勝した直後で、状況は一転した。

「プロ転向か」「シード権凍結」など周囲は慌《あわ》ただしくなっていた。

筆者は初日スタートを見届けようと、逗子の自宅を四時四十分に出て、五時十二分の電車に乗った。東京で山手線、上野で常磐線、柏で東武線、野田駅からギャラリーバスと乗り継ぎ、やっと八時半頃に着いた。筆者としては一都二県にまたがる久々の早朝出動であった。

報道受け付けには顔見知りの人が三人いて挨拶し、何げなく二階のプレスルームへと上がった。「静かだな。早すぎたかな」と思いながら、食堂から左突き当たりへの廊下を見たその時だった。異様な雰囲気を感じた。廊下に黒いものが、壁沿いのあちこちに見える。乱雑というか、後片づけしてないのか、などと当惑した。

ところがプレスルームに入るなり、とんでもない事態を知る。右側のコンペルーム二つの壁を取っ払った大広間のすべてのテーブルの上には、リュックサックや鞄などが乗せられたままである。

プレスルームのテーブルは原則として自由席である。事前登録していれば指定席になるが、いつもアマチュアの試合を取材するのはせいぜい一、二社。共同や時事といった通信社でさえも記者を送らない。

プレスエージェントの顔見知りのW君が筆者の顔を見て困った表情をした。そして「席が一杯です……。空いているところを捜してください」と謝った。

なるほど、ゴルフ記者生活三十八年の老記者の体験から言えば、こんなに多いのは宮里藍がプロ転向した翌年三月、沖縄でのダイキンオーキッド以来である。あの時は収容できなくなる予想から、大型のプレハブ小屋を練習場跡地に建てた。そして左半分をライター記者席、右半分をカメラ席に分けていた。あの時も、知人のエージェント社長のＡ君が、筆者を見て困惑した顔をした。入ってみると、立つところもない。テレビクルーのマイクが飛んできたり、スチールカメラマン五、六人が群れをなして戻ってきたりして、さながら戦場だった。

ところが、今回の関東アマのプレスルームは、みんな出払っていて誰一人いない。静かで、モヌケの殻だった、窓の方に立ち外を見て驚く。練習グリーンやティーグラウンド周囲に人の輪ができている。テレビクルーのスタッフたちが一群になって待ちかまえている。

それを見た時、廊下の壁沿いに積み上げられたリュックやバッグ類は、プレスルームに入り切れなかったテレビクルーたちのものだったことに気づき、「ご苦労さんだな」と頭が下がった。

ゴルフ場で初めて聞くヘリの音

階下に下り、コース側の最後のガラスドアを開けて外に出た時だった。ワーッと人の声が押し寄せ、上空ではヘリコプターの音がしていた。ゴルフ場でヘリコプターの音を聞くのは初めてである。世界各地の試合を見てきたが、欧州ツアーのあのドバイでの試合でも、もの静かなものである。

練習グリーンに行く道も人混みで一杯。特に婦人たちの姿が多い。平日なので子供の姿はなかった。その婦人たちも、失礼だが、どう見ても、逆立ちしても、ゴルフをやっているようには見えない。

クラブハウス二階ベランダに、関東ゴルフ連盟事務局長のK氏とSさんがいた。二人は「弱ったな――」といった表情で空を見上げている。これから先、どういう事態になるのか、この二人には予想できているようだった。

練習グリーン上では、石川遼がパットの仕上げに入っていた。ところが持ち込み禁止のはずのデジカメのフラッシュが、あちこちでピカピカと光る。慌てて関係者が走って止めるが一、二ヵ所ではないから、ギブアップの表情になった。

だが当の石川遼は、それが当然といった顔でパットを仕上げをしている。筆者はヘリの音が気になって上空を見上げた。心なしかヘリは左へと移動したかに思えたが、そうではなかった。高度を上げただけだった。

スタートホールのティーグラウンドに移動する選手は、いずれもアマチュアたち。プロの試合しか見ていない筆者には、緊張感は見られない。アマの試合はそんなもので、金と時間のある男たちの世界にしか映らない。それぞれ各クラブのチャンピオンで、しかも予選をパスした数少ない選手たちである。

　千九百人のギャラリーもカメラマンたちも、そういう人たちには眼もくれず、ただ石川遼のみを見ていた。知り合いのカメラマンと会った。「何時に？」と聞くと、彼は「六時に入りました。それでも遅い方です」

　と苦笑した。

　石川遼がティーグラウンドに立つ前だった。ホールの左右にテレビカメラマンたちが陣取りをやった。明らかにゴルフの試合は初めてと分かるテレビクルーの人たちである。どこに立っていいか分からず、右往左往しているグループもある。

　昔一九七三年、スペインでのワールドカップを取材に行った時、ジャック・ニクラスとジョニー・ミラーが10番ティーに現われた瞬間、一人の日本人カメラマンが50メートル先のフェアウェイ中央に立ったのを思い出す。ゴルフ取材が初めてという、パリからきた日本人カメラマンは、何も知らずにレッドゾーンに立ち、関係者から追い払われた。あの時は、日本人記者として、恥ずかしい思いをした。

　今回のテレビクルーたちは、幸いロープサイドにいる。ただ一人が立って後ろの人が見えず、前に出てくる。するとその後ろの人が見えず、カメラを抱いたまま、また前に出る、という「陣取り」合戦が展開された。

スタートしてから4ホール目だった。ティーグラウンドの後方に、突然ヘリコプターが松林の奥からグワーンと表われた。しかも高度50メートルの低空位置。遼の組がティーショットしたボールを、ティーグラウンドの後方からグリーン方向に追っているらしい。位置としては特設スタンドから見えるような角度で、これ以上のアングルはない。風が舞い、激しいヘリコプターの音に、ギャラリーたちは思わず怒りの顔で振り向いた。ところが石川遼は、平然とティーショットした。ボールはフェアウェイのセンターへ落ちた。それを捉えたのか、ヘリコプターは急旋回して去った。急に静寂が戻った。

筆者はその時の、石川遼がとった態度を観察した。遼は、迷惑そうな顔をせず、ちらっとヘリコプターを見て笑い、後は同伴者のアドレスを見守り、ボールを追ったのである。後にこのヘリコプターを出動させたテレビ局へは主催者側から抗議が入り、テレビ局も謝っている。

遼自身も、マスコミに騒がれたのは、この大会が最初である。以後、各局には、「一局一クルー」という条件が出される。一局で撮ったものを、必要に分けて使用してほしい、というものである。

試合の方は、初日73、二日目74、その後は74、76の297ストロークに終わる。優勝したのは、杉並学院で遼の先輩である薗田峻輔で285ストロークだった。遼は八位に終わり日本アマの出場権をとる。

アマの試合がテレビで放映された

七月に入るとアマの頂点である日本アマチュア選手権が愛知CCパー74で開催された。二日間のストロークプレーによる予選があり、上位三十二名が本戦のマッチプレーに進む。昨年も中学三年になったばかりの時に出場したが、81・74で予選落ちした。

七月三日と四日は小雨になった。飛距離にこだわる遼は、狭いホールでラフにつかまり苦戦する。父親の勝美さんからは、

「雨の日でも風の日でも集中すればいい結果が出る」と教わり、それを守ってきた。ところが、主催者はこの大会を初めてテレビ局に放映権を売り、地上波で中継させた。お陰でファンたちはアマの試合をテレビで観戦できた。

「アマの試合はお金にならない」

と言われ、ニュースでは流しても、中継までは行なわなかった。あの中部銀次郎全盛時でさえ、ニュースにはならず、翌日のスポーツ紙に小さく載っているだけである。アメリカでもアマの試合を中継した例はない。それを考えるだけでも、小さな日本市場とはいえ、画期的な出来事である。

勝ちたいと思っていた日本アマ選手権初日、遼は3アンダーの71と好発進した。上を見

ると一位の芳賀洋平、桐谷龍平選手は7アンダーの67である。

二日目も、遼は自分のスタイルである得意のドライバーで思い切り飛ばした。ラフやバンカーに摑まってもほかのクラブには変えなかった。それに、さほど大きな曲がりではない。場所によっては300ヤードの飛距離が出ている。下りホールでは335ヤードもあった。だがアプローチが決まらずスコアがまとまらない。パットも強く出る。返しをはずしたパットもある。

石川遼は松伏小学校の卒業文集で、

「三年後……中学三年で日本アマチュア選手権（日本アマ）ベスト8、四年後……高校一年、日本アマ優勝、プロのトーナメントでも勝つ」と書いている。

高校一年の遼は、日本アマの前にプロのトーナメントに勝った。残すは日本アマと日本ジュニア選手権だった。七月三日からの日本アマに出るためには、関東アマで二十九名に入らねば資格がない。遼は八位に入り日本アマの出場権を得た。それからは日本アマに向けて、再び母親が運転する車で三十分先の練習場に通い、そこで一日四百個のボールを打ち込んだ。万全の構えで出場している。

ところが思わぬことが起きた。予想以上のギャラリーと報道陣である。「遼」見たさに、予選初日は一千三十六人、二日目は一千六百四十一人のギャラリーである。日本アマ選手権始まって以来のギャラリーである。それまでは両親など家族がチラっといるだけだった。

遼を見たさのギャラリーも、しかし遼が予選落ちすると、サーっと潮が引き、いつもの散見の状態に戻った。

コースは井上誠一設計の、自然の地形を活かした名コースである。フェアウェイは狭く、地形そのもの、と言ってよい。そのため1打のライがすべて変わるから、足場の状況を見失うと2打、3打をミスする。

二日目。遼はスコアを取り戻しに出る。同伴者の永野竜太郎が狭いホールをアイアンでレイアップするのに対して、遼はプロなみのドライバーで14ホールをティーショットして飛ばした。

6番336ヤードの左ドッグレッグホールでのこと。遼はドライバーで山越えのショートカットに出て1オンを狙った。だがボールは雨に濡れて滑り、右のOBゾーンに飛んだ。痛恨のダブルボギーを叩き、その後立ち直れなかった。4打及ばず、無念の涙を呑む。

しかし、帰宅した傷心の息子に、勝美さんは、

「よくやった」

とひとことだけ言った。

その時のことをこう書いている。

「その理由は言わなかったが、大きく変化した環境を自分なりに受け入れ、何も不満を言わず、自分の未熟さを正々堂々と認めた記者会見のコメントは、我が子ながらあっぱれな

態度を感じたからだ」

父親の勝美さんが、埼玉縣信用金庫の本店に行き、上司にポジションの異動を相談したのは、この日本アマが終わった直後である。それから一ヵ月の休みを申請した。

石川親子、弱点に取り組む

日本アマチュア選手権が終わって十日後の、七月十七日から二十日まで、サンディエゴでの世界ジュニア選手権の日本代表に選ばれて出場した。参加チームは三十三の国と地域から、男子は百七十八名、女子は百二十六名である。日本代表は男子が石川遼ら三名、女子は宮里美香ら三名である。男子三名は初出場である。

石川遼は初日からショットは好調だった。ところがパットに苦しみ、2バーディー、3ボギー、1ダブルボギーを叩いて75とした。

二日目も積極果敢に攻めたが、気合いが空振りして76とスコアを崩した。三日目は73として二十二位タイと出遅れる。

最終日、ボールがスプリンクラーのヘッドに当たってグリーンをオーバーさせるなど不運に見舞われ、17番まで73と崩れる。見せ場はラストホールを2オンさせてイーグルパットを沈めたことである。スコアは76とし、トータル12オーバーの二十三位タイ。

プロの試合に勝った遼の実力からは想像できない内容だが、遼は不運を嘆かなかった。明るい顔で日本からきたマスコミのインタビューに応えている。

この頃、石川遼をめぐり取材が殺到したり、またプロの試合に出場依頼が増えるなど、対応に忙殺される。

ツアープロを仕切る日本ゴルファー機構（ＪＧＴＯ）は、杉並学院からの要請を受けて、広報の窓口を引き受けることになった。これまでは学校側に取材依頼が殺到し、本人は学業に集中できない状況が続いていたのである。

杉並学院は二〇〇〇年まで女子校だった。二〇〇一年、つまり遼が小学四年の時から男女共学になった。二〇〇四年からゴルフ部の強化にも入っている。

しかしマスコミ対応は不慣れで、相当に弱ったようだ。

石川家でも、プロ転向の噂を聞きつけてスポンサー契約の代理人やＣＭ、マネジメント会社などが押し寄せてきた。平日の昼間は銀行勤めをしていて、対応は夜になる。

まだ高校一年生。それも入学して二ヵ月もたっていないところに、プロ転向を勧める関係者は少なくなかった。

プロに転向すれば、たしかに二年間のシード権が使える。すぐに明日からでも、男子ツアーの試合に出られて賞金が稼げる。スポンサーがつけば、遠征費に苦しむこともない。

沖縄の宮里家の場合は、もっと負担が大きかった。なにしろ沖縄である。大阪や羽田など往復の航空代がかかる。これだけでも内地のアマチュアでは考えられない負担である。やりくりのため、いつも一泊四千円の旅館やビジネスホテルを捜した。コースに行くにもギャラリー用のシャトルバスを使って出かけている。その点では住宅ローンを抱えている石川家も同じで、遠征費に苦労している。

すでに六、七月頃には四、五社が契約を名乗り出ていた。咽喉《のど》から手が出るほどの大金が間接的に提示されていた。しかし、勝美さんは高校一年生の遼をプロにする気はない。アマとしてやるべきことがあった。本人は大学にも行きたいだろうから、と契約も招待されたプロの試合も辞退した。

強烈なプレッシャーを背負って

遼が夏休みに入るや、一ヵ月間の休みをもらった勝美さんは、スイングとアプローチ、パッティングに取り組んだ。日本アマでミスした弱点を完璧にリセットするためである。アプローチはランニング、ピッチエンドラン、深いラフからのロブショットなど、多彩なワザに取り組んだ。場所は松伏町から県境の江戸川を渡り、野田市駅の横を入った千葉CC梅郷コースである。昼間は近くの練習場で一日四百個のボールを打ち、コースへはお客さんの手前と料金のこともあり、夕方の薄暮ゴルフを利用しての練習である。

目前に、八月六日からの全国高等学校選手権大会、続いて八月十五日からの日本ジュニア選手権を控えていた。学院のためにもやらねばならない。

団体戦は六日と七日、個人戦は九日十日のいずれも二日間のストロークプレー。場所は強風と、猛暑の高知県土佐CCである。

この大会の団体戦で遼の杉並学院は、三人の合計ストロークが427となり、初めて上位の七位に入った。一位は茨城の水城高で421ストローク。その差はわずか6打差だった。

個人戦では、初日74を叩いて出遅れた。狭いホールでボールを曲げた。しかし三日目は、何とかアプローチでカバーし、バーディー数も増え、5アンダーの67を出した。手応えのある内容だった。

実は日本アマで予選落ちした後、遼にちょっとした変化があった。次の試合に怯《おび》え始めていたのである。そのシグナルを父親の勝美さんは見逃さなかった。会社を一ヵ月休んで取り組む決意をしたのは、そのことがあったからである。

日本ジュニア選手権は高校選手権から五日後の、八月十五日から三日間である。場所は霞ヶ関CC東コース。女子は西コースで行なわれた。

松伏町の自宅からは車でうまく流れれば一時間半で着く。十六年も使用された中古のワンボックスカーは、そろそろラジエーターに故障をきたす頃だったが、練習ラウンドの日から毎日往復した。

勝美さんは運転しながら、大会前に息子の遼に、

「ゴルフはいつも勝てるものではない。でもこれで（日本ジュニア）勝つしかないぞ」

と言った。

遼は、マンシング以来勝てず、辛うじて七月三十一日のポロゴルフジャパン茨城大会で優勝したが、強いプレッシャーに苦しんでいた。日本アマチュアで予選落ちした後、ビデオ撮りしていた日本アマを見ながらスイングをチェックしていた時である。珍しく遼は途中で、

「もう、いいや」

と立ち上がった。そして二階の自分の部屋に引きこもった。こんなことは今まではなかっただけに、勝美さんは遼の苦しみが想像できた。

しかし、二人で取り組んできたあらゆる状況からのアプローチは、次第に自分のものになっていた。

たとえば、アメリカのトーナメントで見たグリーンエッジ・ラフから、パターのトゥ部分でコツンと叩いて寄せたり、タイガー・ウッズのようにバッフィで転がしたりするワザである。

日本ジュニア選手権もセルフキャディーでのラウンドである。この大会でも、目立ちが

り屋の遼は、ファッションに気を配った。

キャディーバッグはピンクのショルダーバッグ、サンバイザーはタイトリスト社の赤と白の二つ。赤の時はポロの白いポロシャツに赤のベルトと、カラーを合わせた。白のサンバイザーの時は無印のポロシャツに白のズボン、ピューマのマークがついた白いベルトと、白一色で決めた。最終日はこの白一色のコーディネートに、タイトリストのロゴが入った日傘をさして歩いた。

八月の霞ヶ関CCはむし暑く、風がないので有名である。高齢の会員たちは七、八月はここでのラウンドを避け、避暑地に出かけ、ガラ空き状態になる。

この日本ジュニア大会に出る前には、「プロの試合に勝ったことから、周囲からはジュニアの試合に出なくてもいいのではないか」という声もあった。

しかし石川遼は、「プロの試合に勝ったのだから、ジュニアの試合で負けるわけにはいかない」と強烈なプレッシャーを背負っていた。そのさなかの「出場すべきではない」の助言だったが、遼は自分で「出る」と決意している。

初日、遼は6バーディーを取った。この日からショートホール以外のホールはドライバーで攻めた。林に打ち込んでピンチを迎え、ボギーを三つ叩いたが、スコアは68で首位に立った。

まず4番ホールで10メートルの長いバーディーパットを沈めた。5番のロングホールは第二打を得意な2番アイアンで2オンに成功した。惜しくもイーグルパットははずしたがイージバーディーにする。このほか4バーディーを決める。

二日目もドライバーで280ヤード飛ばした。キックのよいところは300ヤード近くまで行く。今回出場した三年生の中にも300ヤード近く飛ばす高校生がいたが、遼は長打力でもトップ十位に入った。

特に二日目のドライバーは飛んだ。ミドルホールはウェッジで2オンさせ、バーディーを決めている。バーディーの数はアウトで四個である。

12番でショットを右林に入れてボギーを叩いたが、この日も3アンダー（東はパー71）の68で首位を維持した。この日の記者会見で、遼は目標を聞かれて「優勝です」と優勝を宣言した。

六十二名が第三ラウンドに進み、ペアリングが入れ替わった。最終日は猛暑で、日傘をさして、日射による疲労を軽減した。だが4アンダー二位で遼に続いた鹿島学園三年生の大槻智春が、アウトからスコアを伸ばして、8番終了時点で1打差にまで詰め寄った。

遼はスタートの1番を10メートルにつけて2パットのパーでスタートした。2番は10メートルを読み切ってバーディーとし、7アンダーと伸ばす。だが3番からティーショットが右へ出はじめる。2オンに失敗。アプローチを50センチにつけて辛うじてパーにまとめる。4、5、6、8番もパーオンに失敗し、アプローチで寄せて辛うじてパーを決めている。

　9番ホールは554ヤード。グリーンはやや砲台で、第三打は打ち上げになる。だから2オンはかなり難しい。遼の力でも2オンできなく、グリーン30ヤード前の、アップヒルに止まった。

　そこからの第三打が、優勝の明暗を分けたといえる。遼はウェッジで直接カップインさせ、イーグルを決めたのである。

　後に遼は記者会見で、

「あれは完璧なショットでした。ギャラリーの歓声もうれしかったし、暑さも疲れも何もかも吹っ飛んじゃいました」

　と言って記者団を笑わせた。

　また1打に詰め寄り逆転を狙っていた三年生の大槻智春は大会後に、9番イーグルのことを記者に聞かれた時、

「あれは想像つきませんでした。やっと1打差まできて、あそこでイーグルはないですよね。上手いですよね」

　と脱帽している。

　遼はこの日も、バーディー取りに出ている。

　積極果敢にドライバーでティーショットした。6番パー4のみをスプーンでティーショ

ットしたが。残り13ホールは曲げようが突き貫けようが、ドライバーで距離を出した。10番は名物のショートホール。ボールはカップから左4メートルのカラーに止まった。深いラフで、ウェッジやパターで入れに行くには芝の抵抗が強く迷ってしまった。

その時、思いついたのがテレビで見たアメリカツアーである。パターのトゥ部でヒットさせた選手がいた。これなら芝の抵抗もなく、また芝やグリーンを傷つけることもない。迷はパターを持ち替え、トゥでボールのケツを叩いて転がした。何とボールは20センチに寄る。しかも芝一本傷つけなかった。

この妙技に、取り囲んだギャラリーたちは大拍手をもって賞賛した。後半もアプローチに救われる。

唯一失敗したのは14番ロングホール。残り39ヤードを7番アイアンで転がしに出たが、カップより9メートル奥まで転がしてしまった。2パットのパーで切り上げる。

ピンチは17番をバーディーにして、この日五個のバーディーを決めた直後の18番、ラストホールで起きた。振り回して叩いたボールは左林に入った。

そこからの第二打は松の幹でスタンスもとれず、バックスイングもできない。やむなく右足一本で立つようにしてラフに沈んでいるボールを打った。

ところが空振り。3打で出したが引っかけてまたも左の松林へ。そこから乗らず、ピン近くにアプローチして1パットのボギーとした。幸い二位とは4ストローク離れていて余裕があった。またアプローチに百点近い自信があり、多少曲げてもパーで切り上げられる。最終日も68として、三日間の平均3アンダー。奪ったバーディーは十五個である。平均一日5バーディーである。優勝インタビューで、遼は次のように語っている（「日刊スポーツ」より）。

「最も印象に残っているのは9番のイーグルより最終ホールの空振りです。優勝する時はこんなもんかな、と楽しく回れました」

「ギャラリーの応援の熱気はプロの試合以上だったように思います。マンシングの後、納得できる結果を出せず、面白くない思いをさせたかと思いますが、この試合まで応援してくれた方には感謝いたします」

「ゴルフが好きになりました。ゴルフだけがしたい。宿題ですか？　ヤバイっす。何をするかも分かっていないです。このままじゃ来年も一年で出場ですかね？　ああ！　そうしたら四連覇できますね」（笑い）

やっと勝てた息子のゴルフを、勝美さんはこう書いている。

「勝って当然のプレッシャーの中、見事に自分のゴルフをやり通した遼のコメントは『ゴルフに惚れ直した』だった」

日本オープン、師匠と同組へ

この後、遼はツアープロ七試合に出場した。八月三十日からフジサンケイでは70・71・73の214ストロークで十五位タイに入る。

九月二十七日からのコカコーラ東海クラシックは73・70・75・80で四十四位。そして日本ジュニア優勝での出場資格を得た十月十一日からの初めての日本オープンでは、師匠の一人、中嶋常幸と同組となった。

相模原GCでの日本オープンは一九五九年以来の大会で、パー74を72にセッティングして開催された。四日間とも晴天に恵まれる。しかしラフは伸び、フェアウェイを狭くしたので難易度が高くなり、当初からアンダーパーは出ないだろうと予想された。

この大会でも、遼はドライバーを振り回した。フィニッシュのない、力まかせのフルスイングである。フェアウェイに残ることは少なかったが、飛距離ではプロよりも飛んでいる。タイミングも合っていた。

大会初日のことである。遼はスタート前のロッカールームにいる時から緊張していた。

「空気が薄い気がして、気持ち悪くなってしまった。息がしづらいぐらい緊張していて、どんどん体が硬くなってくるような感じだった」

と記者会見で語っている。

コースの難易度に加え、選手たちは予選から立ち上がってきた者、シード権で出場した者など、それぞれの思いで出場している。中には一発屋もいる。スポンサートーナメントでのやわらいだ空気とは打って変わって、空気がピーンと張っていた。そこには選手たち同士の会話はない。

長老のジャンボでさえ、まだ暑い初秋だというのに、上下黒の派手な柄物を着て、威嚇《いかく》しているところがあった。本人は身を引き締めていただろうに、すれ違う若い選手たちは、眼を伏せていた。

ましてロッカールーム内は、いわば戦闘状態に入る身支度のようなもので、みんなピシピシと着衣し、ベルトを締め、シューズの紐を結び、首の骨をギクギクと鳴らしている。

筆者は一度だけ、マスターズ会場のオーガスタナショナルのロッカールームに入れてもらったことがある。驚いたのは、選び抜かれた一流選手が、ロッカールームで手を合わせて祈っていたことである。

日本流でいうなら「神の御加護を――」となるのだろうが、それほど緊張している。

幸い日本オープンでは、小学五年の時にジュニアスクールでグリップを教えてくれた中嶋常幸プロとの同伴プレーである。あの日以来、教わった通りのグリップを守り通したことで、300ヤードのボールが打てるようになった。成長した姿を見てもらいたい、という十六歳になったばかりの石川遼ではなかっただろうか。師匠にして恩人の中嶋常幸の前で二日間プレーできることは至上の喜びだった。

遼は練習ラウンドで中嶋プロと回り、アプローチショットを誉《ほ》められている。スタート前はサンバイザーをとり、深々と頭を下げて挨拶した。練習ラウンドはいわばコース調査。グリーンの形状、硬さ、速さ、ボールを置くところ、逆に絶対に置いてはいけないところを念入りに、ボールを打ちながら調べる。

それ自体は楽しいものだった。しかしいざ本番となると、クラブハウスの玄関に着いた時から、これまでにないほど空気がピーンと張る。

また、たった一日でグリーンの硬さが変わっていた。初日はアウトから、谷原秀人との三名でスタートしたが、グリーンに足を乗せた瞬間、

「硬くなっている」

と感じた。コンパクション（硬さ）が高くなると、グリーンを狙ったボールがバウンドして思ったところにボールが止まらなくなる。ツアープロが一番怖がるのは、硬さと速さである。

いいところに乗せるには、第二打、第三打のいいライから打たねばならない。ラフやバンカーからではベストポジションに打つのが大変になる。

それにはティーショットをフェアウェイのベストポジションに打たねばならない。できればグリーンに近いほど、ボールが止めやすくなる。

日本オープンに限らず、メジャー戦は主催者がそうしたセッティングで選手を苦しめて、「どうだい」とばかりに微笑《ほほえ》むのである。

スタートのアウトコース1番のティーショットを、石川遼は右の林に打ち込んだ。2打でグリーンを狙えず、後ろに出して3オンの2パット、ボギーで発進した。

2番ショートホールも、4番アイアンで打ったが右のバンカーに入り、下からのパットも決まらずボギーとする。5番ロングは105ヤードからの3打を4メートルにつけ、ワンパットの初バーディーとした。しかし4、5番を連続ボギーとした。さらに8番でボギー。9番ではダブルボギーを叩きアウトを42とする。

後半はグリーンの硬さを足の裏で感じとり、パットのタッチが合ってきた。10番を3パットのボギーとするが、そのあとの13、16番をバーディーにして35、合計5オーバーの77とする。

この日のパット数は33。

父親の勝美さんは同行観戦しながら、「後半はグリーンにタッチが合ってきた。本人はカットラインは意識していないだろうし、ボクも十分予選通過できると思っている」（東京中日スポーツ）と、チェック個所を見つけている。

アテストが終わると、そのままパッティングをチェックした。今回はピンタイプの新しいパターに決めて出場し、速いグリーンに対応している。

ゴルフ界の〝救世主〟に救いを求めて

二日目は予選通過を意識し、パープレーを意識したら予選落ちするのでバーディー取りに専念した。前日と入れ替わり、スタートはインの10番から、早朝の七時四十五分である。プレスルームでは前夜十時近くまで原稿を書いて送った記者たちが、翌日は早朝に起き遼のスタート前から取材するため、七時に入っていた。カメラマンたちは六時頃から出動し、練習場でのボール打ちのシーンから、カメラに納めている。こうした光景は異常である。

しかし誰もが、「遼、アマ予選通過」を願っていた。ゴルフ界の救世主に、救いを求めていたのかも知れない。スポンサーの顔色を見るテレビ局と違い、新聞と雑誌メディアは直接読者と正対する。その反応こそが報道と編集者のやり甲斐である。一枚の写真に賭けるカメラマンたちは10キロ近いカメラで重装備し、遼の行き先行き先でレンズを向ける。

カメラマンの中には昼食にありつけない者も出てくるほど、緊張の連続だった。どのトーナメントだったか、遼が一人のカメラマンから800ミリのデカイ望遠レンズのカメラを借りてのぞき込んだことがあった。

好奇心の強い遼は、はるか500ヤード先のグリーン上の選手がすぐ前にいるように見えた時、思わず「ワーッ、凄い！」と声を上げたことがあった。

タイガー・ウッズもそうだが、遼もカメラマンのシャッターとタイミングが合わなくても、決してカメラマンのせいにはしなかった。その時に調整できなかった自分に対して怒った。

しかし、今ではカメラマンは彼のパートナー的存在になっている。それがいとも自然の出会いで、注文されればポーズさえとってサービスする。

日本オープン二日目がそうだった。彼は技術で見せてくれた。インからスタートした遼は11番ボギー、14番ボギーと躓《つまず》く。中でも11番ホールは560ヤードのロングホール。2オンのイーグルチャンスもあるホールで、ティーショットを左のラフに入れた。深いラフから100ヤード先に出し、8番アイアンで3オンに出たが25ヤードもショートした。そこからサンドウェッジでピンを狙ったがショートしてカラーに。5オンの1パットのボギーだった。

遼は予選のカットラインが8オーバーだろうと想定していた。まだ先はあると積極的に攻めた16、17番で連続バーディーを決めてスタート時点に戻る。

後半の1番ホールでは狭いホールをドライバーで打ったが、上半身の体が早く起きて右隣りのホールへ入った。3打でピンを狙うが、6メートルオーバーで2パットのボギーになる。

しかし、2番ショートをピン手前2メートルにつけてバーディーとする。ここまでは二日目のスコアはイーブンで、トータルは5オーバーのままである。ところが、5番から7番までは連続ボギーを叩いた。中でも5番のミスが流れを変えた。

続く6番ホールでは残り140ヤードをピッチングウェッジで狙ったが、右奥10メートルにつけた。同伴者の中嶋プロは、「あそこだけは打ってはならないところだったのに」と遼に同情した。遼は下《くだ》りパットを2メートルもショートした。セカンドも入らず3パットのボギーとする。

このホールのミスが焦りになった。本人も記者会見で、「後半のこと……一回躓いたのを次のホールで躓いて転んじゃったと言うか。次のホールで立て直さねば……ああいうところは精神的な弱さだと思います」と語ったように、5番からの7番ショートまでの三連続ボギーが悔まれた。

7番ショートでは、7番アイアンで打ったボールはグリーンの左カラーに止まって1オンできなかった。いつもの遼なら、そこから寄せていくが、この日は寄らず入らずでボギーにした。

筆者はこの大会も二日間、密着取材したが、7番ティーに立った時の遼の顔は引き攣《つ》っていた。歩く後ろ姿もやや前傾になっている。

筆者はその後ろ姿を見ていた時、ふと二十歳のハーバード大法科の学生だったボビー・

ジョーンズが、全英オープンのセントアンドルーズ11番ショートホールで大叩きし、泣きながらスコアカードをビリっと二つに引き裂いてポケットに入れた話を思い出した。風の中で3メートル近いバンカーに入れたジョーンズは、何発打ったかも数え切れず、グリーンに上がってパットした後は、スコアをつけず、そのままカードを破ってギブアップしたのだった。

その後の彼の行動が、のちに語り継がれる。ジョーンズは同伴者の迷惑にならないように、冷静にプレーを続け、18番でホールアウトした。何と、その後のスコアはすべてパープレーだった。

その二十歳のハーバード大の学生が、後に球聖ボビー・ジョーンズとなり、コカコーラ社などの顧問弁護士にして、オーガスタナショナルの共同設計者になる。

余談になったが、7番を終えた逵は、8番のロングホールも9番ミドルホールも、バーディーが取れずに8オーバーでホールアウトした。

この日は早めにホールアウトしたので、カットラインを確認するため夕方まで待った。だが逵の祈りは届かず、1打足りずに、本戦に進めなかった。クラブハウスを出たのは六時をすぎていた。ラジエーターがこわれて動かなくなった、家族みんなの愛車だったワンボックスカーとお別れして新しく買い換えた白いワンボックスカーに乗り、相模原GCを後にした。

この後はブリヂストンオープン、三井住友ビザ太平洋マスターズ、ダンロップフェニックス、そして規定変更で出場できた日本シリーズと続く。太平洋マスターズでは速いグリーンを自分のものにして三十八位に入った。ダンロップでは三十二位タイ。そして最終戦の日本シリーズは三十四位に入る。

この頃になるとヨネックス、パナソニック、トヨタ、全日空などの契約が内定し、プロ宣言は年明けが濃厚となった。またスポーツ紙は、出場した全試合では、遼が一面または三面を飾った。逆に女子プロが霞んでしまった感がある。

第8章
二〇〇八年前半戦

一番の大きな夢はマスターズ

二〇〇八年一月十日、高校一年生石川遼は、プロ転向を記者会見の場で発表した。最年少の十六歳と三ヵ月での転向である。

父親の勝美さん（当時五十一歳）は、息子のプロ転向をこう語っている。

「遼のプロ入りは私が勧めたのではなく、息子の判断を尊重しました。父親として当然支援していきます。我が家は平凡な家庭。ゴルフをやっていなければ違う性格の人間がつくられていたかもしれません」（朝日新聞）

ここで思い出されるのが、中嶋常幸のプロ転向の決意である。第2章で触れたように、中嶋家では何もかも売り払い、食べるものもなく、細々と生活していた。一本のパターで二個のボールを自宅でパットしている父親の姿を見た時、高校二年生だった中嶋常幸はプロに転向して恩返しをしようと思い立った。

この時も、父親の厳さんの方からけしかけたわけではなかった。おそらく、日本アマをとっただけの力ではプロの世界には通じないと知っていたからだろう。自慢の長男のために、金と情熱を注ぎ込んだ父親の背中を見た時、息子の方から「おれ――プロになっていいよ」と言ったという。

その時、父親は「そうか――」と残念そうな声で言った。

石川親子の場合も同じであったろうと想像する。サラリーマンの父親勝美さんは、住宅ローンを抱えながら、生活費を切り詰め、貯めたお金を息子遼の遠征費に当ててきた。車も遼のためというより、家族のために買い換え、遼の運転手兼マネージャー兼コーチと一人四役をこなす。

伊沢利光の父親と鎌倉ＣＣでお会いした時、「息子のため家二軒分のお金を使いました」と話したことを思い出す。タイガー・ウッズなど、アメリカの場合はどんなものかと事情通に聞くと、

「プレー代は二回で一、二ドル。年に百回ラウンドして二百ドル（二万円）、そんなもんでしょう。後は交通費だけ。いくらもないね。家計を圧迫するほどではないです」

石川家の〇七年の総出費は練習代、アマチュアの試合とプロの試合八戦を合計すると、

親子二人で約二百万円前後と想像する。

銀行関係に詳しいダイヤモンド社の元編集長によると、「信金支店長クラスで年収七～八百万円というところだろう」とのことだった。ローンを払いながら、息子遼のために二百万円使ったら、サラリーマンの家庭に限らず、生活ぶりは大よそ想像がつく。

この会見で語った遼の発言に、その決意のほどが窺《うかが》える。以下に拾い集めてみた。

「プロを、決断したのは今年に入ってからです。勉強と両立させ、ゴルフを上達させて行く覚悟ができました。学校でクラスメートと話す機会は減ってしまいますが、勉強から頭をはなさずにやって行きます」

「目標はまだ考えていません。できることから逃げないで、できることをしっかりやる一年にしたいです。プロとしての課題は、自分は一番下手だと思っていますので、ここまでは飛ばせないというところまで飛距離を伸ばしたいです」

「ぼくは今十六歳ですが、社会に出て苦労があると思いますが、自信を持って前進すれば、この決断はきっとプラスになると思います」

「夢ですか？　一番の大きな夢はマスターズです。日本の賞金王になる夢もあります。日本でいい成績を残し、マスターズに招待されたいです。マスターズに勝つことはむずかしいですけど、可能性がないわけではありません」

プロ転向への環境は整った

これまで「プロにならずに、アマチュアとしてやることがあるはず。日本アマに勝つこと」「高校卒業後のプロ転向でもいいではないか」などだった。また優勝した日から向こう二年間のシード権の行使をめぐっては二〇〇七年九月三日、勝美さんは遼がまだ高校に入って間もないことから、ＪＧＴＯ側に「学業との両立のため、優勝者シード適用の時期を卒業後まで一年間だけ先送りしてほしい」との要請書を提出した。

これに対してＪＧＴＯ側は、「石川遼の特別扱いを認めるのは将来のためにならない」と判断し、一年凍結を却下した。これにより、石川遼の高校三年十二月までの凍結を希望したものの却下されたことで、ＪＧＴＯのルールに沿い、優勝した週から向こう二年間のシード権（二〇〇九年五月、遼の高校三年五月まで）を行使しながら、アマチュアとして出場することになる。

二〇〇七年に優勝後七試合に出場したのは、この二年間の出場権利の切符を使ってのことで、特別優遇ではなかった。学校の勉強のこともあり、全試合出場はできず、試合を選びながら出場している。一月十日の転向発表は、学校に通いながら、当初は規定の十六試合に出場していく方針だった。しかし、学校側から通信制の特別カリキュラムが組まれ、勉強の方法はレポート式に切り替え、試合のない日は学校で授業を受けるというベストな環境が整った。このため全試合への出場が可能になる。

プロになっての初めての仕事

プロ転向発表から四日後の一月十四日、石川遼は彼が子供の頃から育った9ホールの「しもふさCC」で、ドライバーの試打テストを兼ねながら練習ラウンドに入った。まだこの時点では用具先の契約は決まっていない。四社のドライバーを試打した結果、小学四年の時から使ってきたヨネックス社との長期総合契約を結んだ。

試打スケジュールも、二月五日全英オープンのオセアニア予選会、二月八日からのハワイ・パールオープン、その後は四月十七日からの男子ツアーに入る。その間、学校関係は一月八日の三学期始業式、二月二日からの学年末試験、二月十九日の卒業式、四月八日の学院始業式（二年生）があり、こちらは学校を優先することになる。

ところがプロ転向後、所属契約をめぐって学校側とパナソニック社との間に、どちらを所属名にするかで意見の食い違いが出る。

学校側は、所属杉並学院を、パナソニックは企業名を希望した。パナソニックは新経営陣が、従来の松下電器を商品イメージの強いパナソニックに社名を変更して、新生松下電器に乗り出そうと決定した矢先のことである。

しかし杉並学院側は、文武両道の石川遼の姿勢を、学校のPRに活かしたい考えもあった。校長自ら会見の場に現われ、意見を主張するが、幸いにも、杉並学院側が一歩譲った形で「所属先パナソニック」となる。

ただし、石川遼らゴルフ部員を育てた名監督の吉岡徹治は、引責する形で杉並学院を離れた。かわって部長にはプロゴルファーの鷹巣南雄が就任した。何よりも杉並学院側の石川遼支援が、高く評価され、石川遼は学校側の特別カリキュラムにより、在学のままプロツアーに打ち込むことができた。

さっそく石川遼は全英オープン予選会を控えて、まず歴代優勝者のプロフィールを調べた。どういう人がどうやって勝ったか、全英オープン史である。

シーズンオフにゴルフの勘を休ませないためラウンド練習のほか、出場できる試合に出る方針をとるのはこの直後である。

二〇〇八年の書き初めは「待ってろ！　タイガー」だった。マスターズで会うのではなく、試合で戦う日を自分の手で摑みとるとの意気込みが感じられる。プロ入りはその第一歩だった。

しかし予想しなかったことが起きた。一月下旬に所属先がパナソニック、用具契約がヨネックスと決まると、用具の宣伝作戦が始まったのである。

全英オープン予選会は世界五ヵ国で開催される。日程順で見ると一月十五日にアメリカ地区予選、二月五日はオセアニア地区予選（一日36ホール）、日本では六月ミズノよみうりオープン（上位四人）と日本プロからミズノまでの上位二人、この他アメリカ予選、七月にはイギリスの十五ヵ所で予選会が開催される。

石川遼はオセアニア地区（シドニー）と日本での出場資格に挑戦した。この五日の予選会が遼のプロデビュー戦である。この機会にオーストラリアで宣伝用撮影のスケジュールが組まれる。日本を出発したのは一月二十八日。翌朝からCM撮影に入った。ホテルで起床したのは三時三十分頃。朝日が上がるシドニーの海岸で、オーストラリアのCMスタッフのメーク係の指導を受けて撮影である。ヨネックスのサンバイザーをかぶり、カタログやポスター用にドライバーでスイングする。それが正午までかかった。

これが石川遼プロの最初の仕事となる。

この時のCMは三月にオンエアされ、またカタログにもなった。

ちょうどこの頃、近くのメルボルンのキングストン・ヒーズGCでは女子のオーストラリアオープンが三十一日から開催され、横峯さくらと上原彩子ら四名が出場していた。日本選手は体を休ませないため、南半球での試合に出場している。

石川遼もCM撮影が終わった翌二月一日から大会コースで一日36ホールのラウンド練習に入った。予選会の会場となるザ・レークスGCは広いホールだが風が吹く。ゴルフ場のトニー・オルーン会長にグリーンを教わったりして順調に仕上げる。

二日の夜はプロになって初めてオーストラリアドル百ドルの小遣いを勝美さんにもらい、大喜びした。ショッピングに出かけると、自分用のTシャツとフェースクリームを七十ドルで買った。陽やけクリームは、シドニーにきて皮がむけたためである。大会の日も顔にクリームを塗って出陣した。

驚いたことに母親よりも歳が上の日本人ギャラリーが、遼を見たさにシドニーへ押しかけていた。

当の本人は、一発勝負の予選会のため、想像以上のプレッシャーを背負っていた。一つはプロデビュー戦であること、一日36ホールによる上位四名を決める試合であること、日本からのテレビが中継していること、契約先、ギャラリーに応えねばならぬことなど、十六歳の少年には重荷だった。それが大会後半、丈夫なはずだった足にくる。足が止まり出し、ボールが曲がり出したのである。

第一ラウンドはインコースからスタート。367ヤードのパー4だが、明らかにプレシャーから右手が強く入りフックボールを打つ。2オンできず3オンの2パット、ボギーで発進した。

5ホール目の15番ロングを2オンに成功して7メートルパットのイーグルトライに出るが、入らずバーディー。次のロングも2オンからイーグルはずしてバーディー。9ホールでイーブンに戻した。

アウトに入ると2番ロングでティーショットを曲げ、4オン2パットのボギーと躓く。しかし6番パー4でバーディーとして第一ラウンドは1アンダーの72にまとめる。順位は十位。

後半の第二ラウンドはバーディーでスタートし四位に上がった。だが、その後の2番ロングホールでティーショットを引っかけた。ボールは不運にも大木の根元。アドレスがとれない。

試合後、「物凄く悔しいです。ゴルフの神様に、まだまだお前には早い、と言われた気がします」

と語っているように、ここから十六歳プロの苦難の道が始まった。この2番ロングホールの第二打は上手く出せず、4オンにも失敗した。初のダブルボギーを叩き、アウトを3オーバーの39。トップグループから大きく後退する。本人も、

「体力がないですね。2ラウンド目から脹脛《ふくらはぎ》と太腿の裏側が吊りそうで、思うようなスイングができなくなった」と会見で振り返っていたが、この辺りから体も回らなくなっていた。

遼は、平成二〇〇七年のオフに、GMAプロアマ・チャリティーゴルフに参加し、ジャンボ尾崎、レッドソックスの松坂大輔とペアを組んでラウンドした。その時、ジャンボからスタンスを広めにして飛ばす打ち方、またパットスタイルを学んでいる。彼はすぐに形

に現わして自分のものにする才能がずば抜けていて、その効果が300ヤードのロングヒットを生んでいた。

しかし不覚は、足の疲労にあった。下半身が止まり出したのである。10番ではひっかけてしまい、しかもロストボールとなり、2ペナを払ってダブルボギーと崩れる。

だが、石川遼の切り返しと立ち直りは天才とも言うべきものがある。崩したら次のホールで取り返す気力が湧き出るのである。それがロストボールの後の11番ロングホールで起きた。

ティーショットは337ヤード先まで飛んだ。エッジまでの残り246ヤードを2番アイアンで2オンに成功した。それも1メートルにつく。イージーイーグルである。その後は2パットのパーで進んだ。

アクシデントは14番ロングホールで起きた。今度は左足が吊りはじめて、まともに歩けなくなる。ボールは左や右へと飛び出し、やっと5オン2パットのダブルボギーにまとめる。その後は16番をボギー、17番でアプローチが決まってバーディーにするが、インコースは39、後半は合計78と大崩れして、2ラウンドのスコアは4オーバーで順位は四十一位となり、出場権は得られなかった。トップは8アンダーで、予選通過ラインは5アンダー。遼は9打及ばなかった。

日本の冬から真夏のシドニーへ移ってからのコンディションづくりの失敗、体の使い過ぎなどが原因だった。

しかし、この手痛い失敗は、石川遼にとっては世界のプロの厳しさを知るいい体験となる。

スーパースターを生んだＪＪＧＡ

海外第二戦はハワイでのパールオープン戦である。開催地のパールＣＣは本田技研の大株主、創業者の本田宗一郎の会社本田興業が所有するゴルフ場で、所属プロにデビット・イシイがいる。試合自体は米ツアーではなくローカル戦の一つで、日米、地元ハワイのアマプロが出場する。石川は試合慣れの意味もあって出場した。ここでは英語で答えるなど、結構エンジョイしている。スコアは72・67・71で6アンダー、十位だった。

海外の二試合が終わると、体力づくりとＣＭ撮影、契約交渉に忙殺される。マネジメントは勝美さんが窓口になって進行し、遼は練習と学末の勉強に集中している。体力づくりではトレーナー契約した仲田健（三十九歳）と二人で室内トレーニング、足腰を鍛えるためのスキー場でのクロスカントリーに挑んだ。

クロスカントリーから帰ると、色々な受賞会に出席した。

この受賞会は二〇〇七年には優勝直後の五月二十四日の埼玉県松伏町条例表彰を皮切り

に、十二月十六日の「毎日スポーツ人賞ファン賞」まで合計十件の受賞と表彰があった。

二〇〇八年はプロ転向宣言直後の十一日の「テレビ朝日ビッグスポーツ賞新人賞」を皮切りに、四月二十一日のゴルフダイジェストアワード読者賞まで十件である。ほぼ一年間で二十件の受賞や表彰だった。ほとんど独り占めである。できれば父親の勝美さんにも対等となる賞があってしかるべきだと思う。たとえば文部科学大臣からの功労賞など、教育関係の受賞を、これからでも遅くはない。

二月二十九日、これは受賞ではないが、遼が育ったＮＰＯ法人の日本ジュニアゴルフ協会から、ジュニア卒業記念証書が手渡された。この団体は平成七年に大阪府で発足した団体で、石川少年は小学三年生の時から予選会に出ている。競技を通じて、努力することの楽しさを学んだ試合だった。六年の時に地区予選で一位になるが、そこでマナーやルールをも学び、また小学生の後輩にも教えてきた。

こうした団体のお蔭で、遼は競技を楽しみ、またアメリカの大会にも推薦されて出かけ、そこで飛距離の違いを思い知らされてくる。

ジュニアは高校三年生までだが、高校一年の一月十日付でプロに転向したため、アマチュアのジュニア団体であるジュニア協会員ではなくなり、協会は卒業証書を二年繰り上げて手渡した。

場所は茨城県のセントラルＧＣで行なわれた「石川遼選手ＪＪＧＡ卒業記念大会・タイ

ガー魔法瓶杯」の大会当日である。タイガーと名のつくところが何とも言えない。

ＪＪＧＡは、石川遼というスーパースターを生んだことでも、その存在が公認された。また石川遼は、この団体に恩返しするため支援することを約束している。

一緒に回りたい気持ちにさせられる

国内のプロ第一戦はツアー競技よりひと足先にやってきた。二〇〇八年三月二十九日、三十日の二日間、利根川の河川敷コース、ワイルドダックＣＣで開幕したＧ―ＯＮＥオープンに出場した。参加者はプロ・アマ百六十一名。

この大会は、石川遼プロ転向国内初戦ということもあって、遼は相当のプレッシャーを受けていた。プロ転向の風当たりは強かった。選手たちの間からは、

「プロテスト受けずに何だ。もっとしごかれてこないと、宣言プロはオレたちの世界には通用しないよ」

「ツアープロになると、連戦になる。プロアマ戦にも出場しなければならない。気疲れする世界なんだ。それにあの体力じゃもたないよ。甘く見ないでほしい」

「何だ、あいつ。何さまだ！　十五億とか二十億とかの契約を独り占めして、試合に勝たなくても食っていけるではないか」

など羨望とネタミの声が聞こえてきた。

二〇〇九年一月二十七日夜の「なんでも鑑定団」に出演した矢野東は、石川遼がプロになった頃のことを聞かれた時、

「何だ、こいつは、と思ったが、中に入ると実にいい奴です」

と答えている。彼に限らず若いプロたちのほとんどが、一勝しただけでチヤホヤされる石川遼を妬《ねた》んだところがある。ところが矢野の短い言葉にあるように、一度ペアリングを組んでみると、マナーも礼儀もよい少年と分かると、「あいつと一緒に回りたい」気持ちになるというから不思議である。

その矢野東と、日本オープンで二日間ラウンドした谷原秀人が、国内第一戦初日はペアリングを組まれた。実は前年秋から三月の第一戦までに大きく変わったことが二つあった。谷原と矢野がそれに気づいていたかどうか、二人から直接聞いていないので何とも言えないが、一流プロなら見抜いていただろう。その一つが、前年の秋より体重が10キロ増え、クロスカントリーなど体力を強化して足腰がひと回り大きくなっていたことである。

第二点は、前年暮れに千葉のジャンボを訪ねて入門し、ツアープロとしての心がまえ、スイング理論などを教わったことである。技術的な変化は、スタンスを広めにとり、左脇腹をしぼり込むようにし、ジャストミートさせる打ち方に変わった。

また30ヤードからのアプローチで、低く出して止めるショット、それとスタンスを広め

にとって下半身を固定させたパットのアドレスである。

大きなスイングは、アマ時代は振り回して打っていたが、ジャンボに入門してからは、心もちプッシュしてから回転させる打ち方に変わっている。それにかならずフィニッシュをとるようになっていた。

初日、ジャンボの技が随所に出ていた。この日2番390ヤード、パー4で、残り112ヤードをピッチングウェッジで低く出し、ピン奥1メートルにピタっと止めてバーディーを決めた。3番もバーディーに、6番をボギーにしたが、折り返しの10番527ヤードを2オンに成功してバーディーとした。この日のバーディーは六個、ボギーは二個で4アンダー。谷原と並んで一位タイに立った。

ラウンド後、谷原は遼のアプローチの上達に気づいていた。前年十月の日本オープンで回った時より上達していた、と語っている。

初めて回った矢野は、

「初めて一緒に回ったけど、ショットもアプローチもパットも全部上手《うま》い。もっとバタバタするのかなと思ったけど、驚いた。完成されている。あんな、しっかりしたゴルフをするとは思わなかった」

翌二日目は初めてトップタイに立ち、最終組から二組目を回る。同伴者は、マンシングウェアＫＳＢで石川に敗れ、賞金が繰り上げされて優勝賞金を手にした選手会長の宮本勝昌と東北福祉大出の岩田寛である。スタートは十一時六分。

この日も朝から冷たい東風が吹く。利根川の河川敷は肌寒い。遼はいきなりスタートホールでバーディーを決め、トップタイに立った。ところが3番でボギー、7番で右バンカーに入れ、4オン2パットのダブルボギーを叩き伸び悩む。

インに入ると小雨になり寒くなった。遼のスイングのテンポが早くなる。12番ショートでボギーを叩いた。13番もボギーとする。この後の14番では焦りもあり、ショットが左へはずれて林に飛び込んだ。そしてここで新人らしいミスを犯す。

素振りをしていた時、枝を折ってしまい、2ペナをとられたのである。そこから出してラフに。また出すが6打がバンカー。7打で4メートルに乗せて2パットの9とした。後半で6オーバーである。ボギーは5番でも叩く。

ところが遼の凄さは、ボギーを叩いた後の勝負である。プロ第一戦のオーストラリアでもボギーの後はすぐにバーディーで埋め合わせている。G―ONEの二日目も、3番ボギーの後6番で、7番の後8番でバーディー、14番で痛恨の9を叩いた後、15番ショートでバーディーを決めているからである。これは常に攻撃ゴルフに出ているからである。

ちなみに二日目は8オーバーの79、合計4オーバーで四十二位まで急降下した。国内初賞金は十万円だった。

実力とキャリアの差の中で

ツアー第一戦は、三重県多度にある東建多度ＣＣ名古屋（パー71）である。この大会には中学と高校時代、予選会に二度挑戦し、二度とも失敗している。今回は二年シードの権利での出場である。

プロアマ戦からギャラリーが殺到した。初日は雨が降り、一時間三十分遅れでインからのスタートになる。この日の同伴者は上田諭尉、藤田寛之。上田は前年の優勝者でこのコースがホームコース。隅々から、芝一本一本知り尽くしている。

三人の中で先にバーディーを決めたのは12番ロングでの石川遼だった。遼は14番をボギーにするが15番と17番でバーディーを決め34とする。後半はアウトからスタート。３番ショートホールでボギーの後、５番でバーディーを決め２アンダー。時計は五時五十七分。すでに暗い。ついに日没サスペンデッドになり、翌朝、全員残りホールを回り、その後２ラウンドを続行するというアクシデント。翌朝は六時五十分からスタートした。その後１ラウンドのスコアは３アンダーの68で二位になった。

父親の勝美さんの予想は、初日３オーバーでいいところと思っていたが、雨と風の中での３アンダーはできすぎだった。

この日の２ラウンド目はバーディー五つ、４アンダーの67を出し、トータルスコアを７

アンダーにして首位に立った。この二日間好調だった要因はジャンボ尾崎に教わった広めのスタンスでのパットである。そのジャンボ尾崎は2ラウンド終了後、左手首痛で棄権して帰る。

同組で回った藤田は、「十年間ツアーをやってきたけど、あんな選手はいなかった。まるでタイガー・ウッズが出てきた時みたい。人気と実力は本物と分かった」「振りも鋭いし、球も高く上がる。パワーアップしていて、欠点が見つけにくい」(「日刊スポーツ」)とラウンド後の遼に感心している。

三日目はペアリングがスコア順で決まり、決勝戦に入る。これからの二日間が、勝負のかけ引きになる。舌戦もある。長いパットを沈めて目前の相手の戦力を削ぐこともある。

一般ギャラリーには表面しか理解できないが、ツアープロたちは難易度の高いショットやパットを決めた時、「どうだ！ してやったり」となる。それを見た相手は、「あれを沈めるとは！」とダメージを受け、それがプレッシャーになる。マッチプレーでは特に顕著に現われる。ストロークプレーではデッドヒートを競う相手の眼を読み、かけ引きに出る。

マラソンでいえば、35キロ当たりから勝負に出て、残り5キロ時点で振り切る、または追い抜いてトラックに入るのと似ている。

十六歳の遼は、同伴する相手のほとんどが初顔合わせである。しかも全員が日本を代表するトッププロたちだ。だから三日目、最終日は、プレッシャーを感じている。

遼が試合慣れしてプレッシャーが薄くなるのは後半戦からだった。前半戦はすべて初顔合せだからやり辛い面があった。

この大会の三日目は宮本勝昌とコンランの二人。コンランとは初顔合せ。数字はスコアに現われた。それは新人プロにしては実力相応のものだったが、ギャラリーは「そんな――もっと上に行くはず」と思う。スコアは1オーバーの72。ボギーが先行し、この日は3バーディー、4ボギー。四つのロングでバーディーは一つだった。それでも上位が伸びず、連日の一位タイ。

最終日の展開が注目された。ペアリングはポーカーフェースの手嶋多一とドンファン。これも初顔合わせ。中でも手嶋は、遼が小学四年生の時、ジャンボ尾崎について回った日本オープンのチャンピオンである。誰がどう見たって実力とキャリアの差がある。

この日、遼は出だしでダブルボギーを叩いて躓いた。3番ショートでは前日同様にボギーを叩く。ここで手遅れに。ようやく8番でバーディーを決めるが、すぐに9番でボギーと躓いた。

後半10番もダブルボギー、11番ボギー。ここで三日間稼いだスコアを全部吐き出してしまって、6アンダーからイーブンパーに下がる。

一方の手嶋も辛うじてパープレー。14番でバーディーを決めて7アンダーでトップに立った。ひと組前を行く宮本もバーディーを決めて6アンダー。遼のみが崩れる。筆者はこの時、遼は心の中で泣いていただろうと想像する。すでに勝負は11番のボギーを叩いた段階で決まっていたからである。

だが遼の凄さは、15番から立ち直り、三連続バーディーを決めて3アンダーとしたことである。結局、初戦は前の組を行く宮本が7アンダーで逆転するが、五位タイとなった遼にとってはいい体験となる。

優勝するためのスイングづくり

その後の遼は第二戦のつるやオープンで四十二位になったほかは、第七戦の三菱ダイアモンドカップの五試合を連続予選落ちした。この中には前年逆転優勝したマンシングウェアKSBオープンが終わった翌月曜日、大阪、茨木CC西コースで一日36ホールの全米オープン予選会がある。参加者は谷原秀人、グレッグ・パリなど十五名。このうち二名が六月十二日開幕のカリフォルニア州トーリーパインズGCでの全米オープンに出場できる。

後にこの大会はタイガー・ウッズが死闘の上に劇的な優勝を飾った大会になる。タイガーは左膝痛に苦しみ、鎮痛剤と膝ベルトで戦ったが、激痛のあまりに膝を押さえるシーンが何度もあった。またタイガーはこの時の優勝を最後に、二〇〇八年の試合を全休し、治療に当たることになる。そうなるとは知らず、遼は挑戦した。しかし第一ラウンドで緊張してＯＢを打つなど出遅れた。

　後半は5アンダーの67と追いかけたが、トップと5打差で資格を失った。試合の後、「ボクはまだまだ試合経験が少ない。どうしても前半は緊張し、体も頭も固くなっていました」「2ラウンド目のようなゴルフができれば毎回勝てるんですけど。悪くてもパープレーで回れるプロになりたいです」と試行錯誤に苦しんでいる様子を語っている。

　全英オープン出場を賭けた第八戦ミズノよみうりクラシックは辛うじて五十六位に残った。初めての日本プロ選手権の前週は三十九度近い高熱で、食欲もなく、無理して出場した。体調は当日三十九度。ショットは右左へと大きくブレ、ギャラリーに打ち込んだり、グリーンを大きくオーバーさせたりして苦しむ。二日目は77と大崩れ、百十五位で予選落ちする。

　しかし記者会見では、それらしき表情も言葉もなく、平常心で答えた。

「このままだと、誰も見にきてくれなくなりますね」と心配する。

　それでも休まず連戦する。ようやく体調が戻ったのは、第十戦の長嶋茂雄セガサミーカップからである。北海道での大会は体が軽く感じ、３００ヤードのストレートボールを打った。ベント芝には手こずったが、ラフからのショットが少なく、三位タイと回復する。

　遼はトップからの切り返しをチェック中で、試合本番で取り組んでいた。その結果が出るのは後半戦に入ってからになる。

遼にとっては国内戦第十戦になるサンクロレラクラシックは風と雨に悩まされた。７５３５ヤードと日本でも長いコースの小樽ＣＣはロングヒッターに有利だが、遼は初日72、二日目77と最下位の方で予選を通った。

三日目は、池を避けるため2番アイアンで打ったホールでダブルボギーを叩くなど集中を欠いた。アウトインとも41、合計82という今季最悪のスコアに、珍しく遼は、

「今日思ったのは、ゴルフが下手くそだなということです」と嘆いた。

こうして前半戦は、優勝するためスイングづくりをやりながら苦しんだ。

第9章 二〇〇八年後半戦

プロ入り初優勝という劇的シーン

石川遼がキャディーの加藤大幸《ひろゆき》と二人だけで戦った試合に、滋賀での関西オープンと福岡の芥屋ＧＣでのバナＨＫＢＣオーガスタの二試合がある。

関西オープンはプロトーナメント発祥の試合で、一九二六年にスタートした。日本で一番古い公式のオープン戦で、第一回日本オープン開催一年前になる。関西地区の加盟ゴルフ場が資金を出して運営してきた。この大会で戦前は宮本留吉、戸田藤一郎が育った。戦後は石井哲男、杉原輝雄、山本義隆、中村通、若手では星野英正らが優勝している。

しかし賞金総額が三千万円と小額なため、ツアー競技からはずされ、ローカルのオープン戦に格下げされた「悲劇の試合」である。ここで戦っても賞金に加算されないばかりか、シード権も取れない。

二〇〇八年関西オープンは八月二十一日から四日間、滋賀ＣＣで開催された。ほかの地区オープンが二日ないし三日制度なのに対し、賞金総額三千万円、優勝七百万円と小額にもかかわらず四日間制度の伝統を守り続けている。ケチな大会といえばそれまでだが、同じく伝統のある関東オープンが会員側からの協力が得られずに消滅したのに対し、関西オープンは細々と守り継がれてきた。

遼がこの大会を休まずエントリーした理由は、日本オープン出場権がかかっていたからである。

一部のトッププロたちは八月三日のサン・クロレラ戦を終えると、九月四日からのフジサンケイ戦まで夏休みに入る。その間、各地区での地方オープン戦と福岡でのＫＢＣオーガスタがあるが、出場しない者が多い。

ＫＢＣオーガスタはヒメ高麗グリーンで、ベント芝で育った者たちは苦手にしている。そのうえ猛暑でもあり、後半戦に備えて休養をとる。

遼は高麗だろうと猛暑だろうと賞金が少なかろうと、王者への道を歩く上では選んでおれなかった。だから父親の勝美さんは関西オープン、バナＨＫＢＣには、二人だけで行かせた。

この頃から、遼は体力がつき、また各選手とも顔見知りとなり、戦う状況が一変した。

重圧も感じなくなり、バーディー攻略に集中できた。スイングも大きくなり、ボールを真芯で捉える時間も長くなった。今は勝つことより、バーディーを取るゴルフに集中している。

その関西オープンで、遼は今季の初優勝を飾った。地方戦とはいえ猛暑下での四日間をコーチなしで戦い、そして優勝したのである。これを「小さい試合」とは言いがたい。確かに報道カメラマンも記者も疎《まば》らであったが、遼が出場するとの情報はないため、ギャラリーも少なかった。

「遼、優勝」と聞いて、ゴルフ場にはたくさんの苦情が入っている。「何でテレビ中継せんのや！」「ケチったれ！」「ドあほ」ときつい電話であった。

確かに「プロ入り初優勝」という劇的なシーンである。またこの小さい一勝が、次の自信になる。何よりも伝統のオープン戦である。重みが違う。その意味でも、主催者の関西ゴルフ連盟会長以下理事たちは反省させられた。

「来年はツアー昇格させんとあかんな」

遼のプロ入り初優勝という記念大会ともなった関西オープンは、この反省から二〇〇九年はツアー競技に戻された。テレビ放映権も売られ、久々のテレビ中継が全国ネットで見られそうである。

できるか、できないかは雲泥の差

遼に救われたもう一つの試合がある。それは九州朝日放送（ＫＢＣ）主催のバナＨＫＢＣオーガスタである。テレビ朝日放送系列主催のこの大会は、ジャンボブームに沸いた一九七三年に、研修中のジャンボを追い出した西鉄グループのゴルフ場、福岡ＣＣ和白コースでスタートした。民放主催の走りである。

しかし二〇〇六年大会終了後から、冠スポンサーがつかず、撤退を考えていた。ジャンボ尾崎は福岡という彼が育った第二の故郷という義理から毎年出場しているが、他の大御所やジョーンズ、プラポールなど外国選手は嫌って出場しない。テレビの視聴率も落ち、テレビ中継さえ危ぶまれた。しかし、親会社テレビ朝日大株主の朝日新聞社としては、何とか続行したが、先が見えなかった。

ほぼ撤退の噂が広がった頃、水素水で有名な「バナＨ」の冠スポンサーが名乗りを挙げた。但しここで条件があった。それは「石川遼が出場すれば」である。そこで代理店サイドは石川遼の出場を働きかける。マネージャーの勝美さんは遼の考えを聞き、出場を伝えている。この「遼、出場」でＫＢＣオーガスタは三年間の冠スポンサー契約が決まり、やっとひと息つくことになる。しかし問題がもう一つあった。それは石川遼が予選通過するか、どうかである。それによってテレビ視聴率が違ってくる。主催者は天候に恵まれるように祈った。

だが、八月二十七日から福岡は雨になった。初日の二十八日は中断。二十九日の２ラウンドはようやく雨から曇天になり、３メートルの風が吹く。石川遼は予選を谷口拓也、前年優勝者の宮本勝昌とのペアリング。宮本はプロアマ戦当日、ペアリングを聞いて、

「先週遼君が優勝して、後半戦も盛り上がるだろうから、選手会長としては嬉しいです。遼君と一緒に回るのは東建の三日目以来だけど、リズムとか参考になるよ。年下でも上手いところは参考にして盗めるところは盗まないとね。今週はアプローチでも盗もうかな」

と大口を開いて笑う。

初日、他の選手はお盆で休養していて体力に余裕を感じる。だが遼は月曜日に滋賀から福岡に移動し、火曜は練習、水曜は雨の中でプロアマ選に出場などで、体力はクタクタになっていた。ちょっと夏痩せ気味に見えたが、顔は先週の優勝で、どこか余裕さえ感じた。

しかしプロツアーでは初めての高麗グリーン。それも玄界灘に面したバリバリの芝。各ホールは自然公園の松が風に傾いているため狭い。松林に入ったらボギーを覚悟しなければならないほど、芥屋はタフで、息が抜けない。初出場の選手はみんな予選落ちしている。

石川遼もコース攻略に手こずった。アップダウンが大きい上に風が吹く。赤星四郎晩年の設計。しかも国立公園のためブルドーザーで削ることができなく、ほとんど地形なりに造形された名門コースの一つ。

初日、遼はスタートしたインコースで連続ボギーを叩くが、後半をパープレーして遼は初日のラウンド後の記者会見でプレーの内容をこう語っている。

「16番のショートパットをはずした時はショックでした。多少油断があったと思います。特に17番に引きずった感じはないです。16、17と2ホール続けてパターをミスしたので、それ以上ミスしないよう気をつけます。後半（アウト）は最後までパーだったので、ギリギリ耐えた方かなと思います。今日はパターのタッチに全力を注いでました」

雨が途中で強くなったことについて質問されると、

「雨は気にしなかったというか。雨の日のプレーが多いので慣れてきましたね。今は雨よりも打ち上げホールのティーショットでミスが出たので、そこに注意してやりたいです。父さんにはスイングだけ気をつけなさい、と言われて、自分的にもその言葉を守りたいです。できるか、できないかでは雲泥の差ですから、残りの三日間も、いい報告ができるように頑張ります」

「君は十七歳の時、何をしていたか」

二日目。風の中を2番打ち上げホールでボギーとしてスタートする。わずか50センチのパットをはずした。芝目の読みとタッチが噛み合っていなかった。アウトは9番でバーディーとして36。後半は11番でバーディーを取るが、2、13、16番でボギーを叩き3オーバーになる。この時点で五十位タイ。予選カットラインが2オーバーが濃厚になり出し、遼の予選カットが心配された。中でも新スポンサーをつけた主催者側は気を揉《も》んだ。予選落ちならテレビ中継に響く。

プレスルームの隣はKBCの部屋である。予選通過のかかった18番の石川のティーショットを左ラフに入れた後、第二打を向こうの右ラフに入れた時、「あーァ」と絶望のため息がもれた。

第三打は残り155ヤード。8番アイアンで打ったボールはグリーンをオーバーした。しかも高麗芝の逆目の芝。カップまで15メートルの下りラインである。寄せることさえむずかしい。遼はサンドエッジで軽く上げ、エッジに落とした。そのボールがカップインして劇的なバーディーとなり、予選をパスした。隣室もプレスルームも拍手が沸いた。

その夜、主催者たちは、「これで遼が決勝戦に出られて大会は盛り上がる」と大喜びし、夜の中洲に出て祝杯を上げている。

十六歳の石川遼は、ここでも救世主となる。結果は三十一位タイに終わるが、風とアップダウンの多いコース攻略、高麗グリーンでのパットなど、多くのことを学んでいる。特にアップダウンの多いホールでの足場、スイング、小さいグリーン攻略は他のコースにないだけに、大きな収穫だった。

九月に入ると、フジサンケイクラッシックと全日空、パナソニックオープンと続く。フジサンケイは河口湖の別荘から会場に通い、夜遅く練習できた。高麗グリーンから高速のベント。しかも富士山を背にしたグリーンの芝目の読みなどへの対応の切り返しは早かった。十七位という結果は初めてのコース攻略としては、いいできと言える。

全日空オープン（ANA）は九月十八日から札幌GC輪厚《わっつ》コースで開催された。ちょうど二学期に入り、トーナメント先の宿泊ホテルではゴルフ場から帰るとすぐに持ち込んだ教科書を開き、友人から授業の進み具合を聞いて勉強する。これは他のプロに比べて結構大変なことである。一日ではやり切れないので、一週間分の勉強は、やはり二、三日かかる。

それが終わると、八時には就寝するという過酷なスケジュールを続けている。起床は五時。早い時は三時半ということもあった。すべて自主的にこなしている。勝美さんによると、

「遼には今、何が大事か、分かっていて取り組んでいます。テレビを見る時間もないです。ニュースは翌朝の新聞を見れば分かることですから。自分で決めて進んだ道ですから、私は何も言いません」

と、日常生活を語ってくれた。正しくはまだ十六歳。九月十七日で十七歳になる少年石川遼は、志に向かって富士山の頂上を目指していた。

「君は十七歳の時、何をしていたか」

「君は十七歳の時、何をしていたか？」

と東大文学部を卒業した友人に問いかけたら、

「ボクは寮生活で隠れてタバコを――」と苦笑した。

またもう一人の東大法学部の友人は、「恋人がいて、勉強が疎《おろそ》かになっていたな」と、こちらも苦笑した。こういう筆者も似たようなものである。早くから自分の目標に進めることを羨ましく思う。従って、頭のいい子には中学三年生でも大学を受験させてもいいではないか？　と提案したい。

メモ帳に「もっと自信を持とう」と書く

石川遼は、ANAオープンから十月二日開催のコカコーラ東海クラッシックまでの三試合に予選落ちした。ANAもパナソニックもコカコーラ社も遼の契約先スポンサーである。パナソニックは所属先。

十七歳になったばかりの遼には、想像以上の重荷だったろうと推測する。気疲れ、契約会社に応えたい、という少年、石川遼の思いが、裏目に出る結果となった。いずれも僅差の予選落ちでだった。

国内十七戦目に当たるキャノンオープンは横浜の戸塚CCで開催された。ここには63

3ヤード、パー5のホールがある。遼はドライバーで後15ヤードほど伸ばせれば、ドライバーで2オンを狙っていたとまで言った。

秋口になると、これまでの体力づくりに加え、スイングがある程度効果を出し始めている。体重も増えていた。自宅での筋肉トレーニングは日常生活の一部になっていた。選手たちとは親しくはなれないが、前半と違って、多少慣れてきていた。

練習ラウンドで一緒に回った谷口徹からは、「もっと自信を持っていいぞ」と声をかけられる仲になる。遼はその言葉に勇気づけられて、ヤーデージブックには、

「毎ホール、自信を持とう」

と書き留め、ポケットに入れて持ち歩いていた。戸塚CCは四日間とも好天に恵まれた。遼はボギーを叩いて弱気になった時は、そのメモを読み、自分を奮い立たせた。それが初日からのスコアに現われる。

初日のスタートはインコースの10番ホールから。左バンカー越えを狙ってフェアウェイに「直球」を打った。残りのウエッジでピンに絡ませてバーディーを決める。13番333ヤードでは右のサブグリーンのエッジまで飛んだ。

13番で二つ目のバーディーを決めた直後の14番ショートホールでは短いパットをはずして3パットのボギーを叩く。その後15、17番でもボギー。遼は弱気になっていた。グリーンを離れる時、ふとメモ帳を開き、谷口徹に言われた言葉に目を通し、「よし！」と立ち

直った。

後半のアウト2番ではアプローチが決まりバーディーとする。4番でボギーを叩くが、その後の7番ロングではたった一人、2オンに成功した。イーグルパットをはずしてバーディーとするが、トータルスコアをイーブンの12とする。

これまでは初日に躓いて後悔してきたが、今回はドライーバーショットもよく、アプローチも決まり、内容的にはこれまでにないゴルフだった。

練習ラウンドでは「一日2アンダー出せそう」と思ったが、初日はどこか弱々しいゴルフをしていて、スコアが伸ばせない。但しいつも悪い初日でパープレーでき、今回は予選通過できそうな予感がしていた。

初日を終わった後の記者会見でも、

「今日のゴルフなら自信あります。谷口さんに言われたことをヤーデージブックに『自信を持ちなさい』など、自分で思い出せることを書きました」と語っている。

二日目もスコアを伸ばした。今週は父親の勝美さんに、「同じリズムで打ちなさい」と、きついアドバイスを受けていた。

勝美さんは報道陣の前では本人のプライドを傷つけるので声を出さなかったが、誰もいないところで、語気を強めている。それだけ石川親子は、これまでにない真剣勝負に出ていた。

二日目は3バーディー2ボギーの71で回り、三十五位タイで予選を突破した。
遼の予選突破を待ちこがれていたのは各新聞社だった。各紙ともほっとして、見出しが躍っている。一例を以下に引用する。
「4試合ぶりに石川遼予選通過」（朝日新聞）
「悪い流れ断ち、手応え」（神奈川新聞）
「遼、予選通過、4戦ぶり」（読売新聞）
「桑原が単独首位」（毎日新聞）
「遼、久々、予選を突破」（産経新聞）
「桑原が単独首位、石川4試合ぶりに予選通過」（日本経済新聞）
「遼71、35位!! 4戦ぶり予選突破」（サンケイスポーツ）
「遼クン、週末出勤。4試合ぶり1アンダー35位で予選通過」（スポーツニッポン）
「13歳伊藤1打届かず、デビュー戦で最年少予選突破一瞬……」（スポーツ報知）
「13歳伊藤最年少突破あと1打。遼クン4戦ぶり決勝R進出」
「中一伊藤、遼2世だ!! 6バーディー。遼4週ぶり予選突破」（日刊スポーツ）
石川遼は順位を上げ、最終日は二十一位タイとした。しかし、この大会で四週連続予選落ちを免《まぬか》れ、その後の試合展開も大きく変わっていく。

世界に伝わった日本オープン二位

翌週は福岡の古賀ＧＣでの日本オープンである
古賀ＧＣは一九九七年大会以後、二〇〇八年大会に向けて改造と芝の管理に努めてきた。十年前から準備に取りかかっていたというから、難易度の高いコースになっている。もしも５、６メートルの風が吹いていたら、おそらく優勝スコアは７オーバーぐらいになっていただろう。幸い秋晴れに恵まれた。

遼は昨年大会で予選落ちした。しかし一年前までは子供っぽい体で、スイングも力いっぱい振り回すだけであり、飛ばすことに専念していた。それから一年がたつ。身長こそ１７３センチで止まっているが、首の筋肉、下半身の筋肉を強化して大人の体になっている。特に大腿は60センチまで太くなっていた。

ジャンボ尾崎の指導で側筋が強化され、捻《ひね》りが早くて強い。ヘッドスピードも伸び、前週のキャノンオープンでのショットはほぼ完成に近かった。２９０から３００ヤード近く飛び、キャノンオープンでのドライバー飛距離は二位に上がっている。

しかし風が強く松枝が横に伸びている古賀は、難攻不落の城にも見える。各ホールは狭く、ラフは１００ミリ、フェアウェイは10ミリ。ラフに打ち込んだら１打失うことに等しい。開催コース古賀ＧＣの競技委員たちの間では、

「経験の浅い若武者には大会屈指の難コースに仕上げられた古賀では、下手をすると予選落ちだな」と、暗に石川遼のことを心配した。

コーチ役の勝美さんは遼と相談した上で、今回はグリーンの癖を知り尽くしているハウスキャディーの起用に変えた。キャリア十六年の江口佳代さんが割り振られる。

友人で、今大会の競技委員長をやられた後藤宏一郎先生から、後日電話で「遼君は逆のラインを読んでいることが多かった、とキャディーさんが言ってました」との報せが入った。フックをスライスと読み間違えることがあるほど、今年の古賀のグリーンは読みづらかったのである。

後藤さんは病院長で、筆者はドクターと呼んでいる。スコットランドの全コースめぐりをやり尽くした、元古賀のキャプテンでもある。そのドクターが、こう付け加えたのだ。

「しかし遼君、キャディーさんの言うとおりにパットしたそうです。それが素晴らしいですな。あの子、日本の宝ですたい！」

この大会での、石川親子の作戦は成功した。

狭いコースにもかかわらず、遼はショートホール以外の14ホールはドライバーでティーショットした。予選は青木功、手嶋多一のペアリングだが、二人はアイアンでティーショットしてフェアウェイをキープする。しかし遼はドライバーで果敢に攻め、初日1アンダーの70とする。

二日目は1オーバーの72、順位は三位に上がった。この日60台は一人も出ない。深いラフと早くて読みにくいラインに苦しむ。

遼がリズムを崩すのはペアリングが変わる三日目である。この日はドンファンとのペアリング。スコアラーを務めた並木正一さんは、スタート前に遼と挨拶するが、その時、「ハニカミ王子の顔ではありませんでした。表情は硬く、目線が定まっていなかった」と会報誌の中で回顧している。相当のプレッシャーだったと想像できる。

スタートホールのドライバーショットは右に押し出し、一番遠い右側のクロスバンカーにつかまった。第二打も顎に当たり、第三打も奥にこぼれて4オンの1パットで苦しいボギーのスタート。その後もリズムがつかめずボギーを叩き、前半を5オーバーの41とした。

その後のスコアラーとのスコアチェックの態度が、古賀の会員である並木さんを感動させた。遼は丁寧に、

「5オーバーです。よろしくお願いします」

と答えたのである。並木さんは、古賀の会員誌にこう書いている。

「その時、彼から何かつきモノが落ちたような印象を受けたのでした。小生も心の中で遼君、我慢、頑張ってと叫んでいました」

後半になり、遼は上が伸びず、みんな崩れているのをスコアボードで見て、気持ちを切り替えている。リズムを取り戻すと後半をパープレーして76、トータルスコアを5オーバ

ーとした。

そして最終日。遼はドライバーで攻め切り、片山を追い上げた。パットはキャディーさんに相談し、「フックです」と言われると、その通りに打って沈めた。グリーンをはずしての1パットのパーに決め69で上がった。優勝した片山には4打差と開いたが、見事な追い上げだった。スコアラーの並木さんは、

「この日（3R）のフロント・ナインの乱れがなければ、石川遼君の優勝も夢ではなかったのではと残念」と悔んでいる。

しかし、日本オープンの二位は世界中に伝わり、世界ランキングは一気に上昇した。

遼、涙の初優勝、思わず「誰か助けて」と

石川遼の最大の見せ場は、第二十戦のマイナビABCチャンピオンでの逆転優勝である。初日2アンダーの70で好発進した。二日、三日目70。トータル6アンダーで、9アンダーでトップの深堀圭一郎を追い上げる。

ABCゴルフ倶楽部は各ホールが狭く、難ホールが多い。最後の18番ホールも、毎年プロ泣かせ用にバンカーを移動させるなどして苦しめる。

どちらかというと左OBが多く、フェード系のロングヒッター向きである。最終日、遼

は4、5番と連続バーディーとして深堀に迫った。だが6番ロングで不覚のボギーとしてバーディーが止まった。試合は後半に移った。突然、遼が苦しみ出したのである。10番からショットが乱れ、パーオンできない。9番ホールから数えて6ホール続く。

優勝インタビューで、

「誰かに、助けてほしいなと、思うほど苦しいゴルフで、途中で泣きそうになっちゃいました。でも勝つまでは泣かないと思って、最後は必ずいいことが待っていると信じてプレーしました」

と涙をポロポロ落としながら語ったように、後半の1パットパーの頃が一番苦しかったようである。

15番、16番でバーディーを決めて深堀に逆転した最終18番ホールでは、力が入りすぎて左のラフに打ち込んだ。そこからはダウンスロープライからの池越えである。2打リードしているわけであるから、常識的には手堅く3オン2パットのパーで逃げ切りたいところである。

ところが遼は、5番アイアンで2オンに出た。ラフからのボールはわずかに低く、グリーン手前の池に。そこから3オンの2パットを決めて逃げ切り、ツアー一年目で初優勝した。

この一勝と日本オープン二位で、全選手が石川遼の実力を確認している。以後、遼に対する態度が一変し、「遼サマサマ」となった。

この後、国際戦の第一戦太平洋マスターズは、難コースを攻めて五位タイに入った。6番ロングホールは、たとえ池に入ろうとも、ダウンスロープライから池を越すつもりで2オンに出る。三日目は池につかまるが、それでも最終日も四つのロングは2オンに出た。

国際戦の第二戦ダンロップフェニックスでは、13番ミドルホールを1オンのイーグルトライに出るなど、ショットは完璧に近かった。三日目、18番ホールではティーショットを右の林に打ち込み、レイアップするのかと思ったが、254ヤードの打ち上げの第二打を2オンに成功し、2パットのバーディーにするなど、パワフルゴルフで一万人の大ギャラリーを魅了させた。

最終日は13番のバーディーを決めて、トップのプラヤド・マークセンに3打差と迫った。ところが15番でティーショットを左のラフに入れた。そこからの第二打、打ち下ろしをバンカーに入れる。そこから1メートル下に上手くつけてパーセーブかに思われた。

だがパットの当たりが薄く、カップをはずして痛恨のボギーとする。すべてがこのパットのミスに尽きた。後からくるプラヤドは、2打開いたのを知るとリズムを取り戻し、16番でバーディーを決めて3打差にして逃げた。

だが、遼は18番をバーディーにして、再びプラヤドに迫る。プラヤドは遼のスコアを知ったのか、17番でボギーを叩いて7アンダーと崩れ、その差は1打差になった。しかし最終ホールをパーにして逃げ切った。遼にとっては15番のパットミスさえなければ逆転優勝している。さすればマスターズ招待は、翌年一月下旬まで待たずに、年の暮れには松伏町の自宅に届いたことだろう。

この後のカシオオープン、日本シリーズと休みなく戦い、一年で一億円プレーヤーに輝いた。またツアー仲間たちは、石川遼の実力と彼のプレーぶりに脱帽するとともに、その力を公認した。

日本シリーズは惜しくも優勝を逃がしたが、テレビ視聴率は過去最高の十三パーセント台に達している。

また賞金王の片山は18番ホールでのセレモニーで、胴上げ選手を「遼」と指名した。選手仲間たちは、この十七歳の新人を全員で胴上げして祝福する。

その片山と遼は四月九日、マスターズ第一打のティーグラウンドに立つ。

しかし、ここからが、石川遼の本当のスタートが始まる。

あとがき

　この本の書下しを思いついたのは、石川遼にマスターズ委員会から招待状が届いた二日後である。すぐに大手出版社の友人に相談したが、いずれも日程的に三月下旬発売には間に合わないとの理由で見送られた。

　すでに私は同時進行で書き始めていて、出版社の会議の結果を待っていたが、大きい組織ほど、物理的にむずかしい。その事情を了解すると、小さな出版社に相談したところ、小回りのきく元就出版社の浜正史社長が引き受けてくださり、こっちもペースを上げて書き続けた。

　ペースは一日十五枚である。多い日は二十五枚書いた。朝六時起床で木刀の素振りを百回。眠っている脳を叩き起こして机に向かった。稼働は朝六時から夜十一時まで。その間、朝食、昼食、一時間の散歩。また夜食後二時間続ける。毎週日曜日は剣道の朝稽古日であるが、これも三回休ませてもらった。ゴルフも二回約束していたが、これもキャンセルした。書きたいデータはダンボール一箱分用意していて、資料の整理に三日かかった。テープ録音もの、取材、トーナメント先での走り書きメモなどだが、まさか急に書くとは思っていないからバラバラである。しかし各章立てのデータを分類してからは、一気呵成に書き進んだ。

言うまでもなく、この本は石川遼という、十五歳でプロの試合に勝った少年の短い期間を書いたものである。自分の足で、自分の志に向かって進む少年の姿を描いた。教育とは何か、を教えてくれるモデルの一人である。

参考資料として、石川勝美さんの了承を得て『バーディは気持ち』(ゴルフダイジェスト社)及び宮里優さんの『学校一番ゴルフ二番』その他、色々な資料を引用させていただいた。重ねてお礼申し上げます。

石川遼少年は、マスターズ出場時点が、彼の長いゴルファー人生のスタートラインと思う。彼を大事に見守り、応援してやりたい。石川少年は日本の宝である。またここまで育てた石川勝美、由紀子夫妻の並々ならぬ子供への愛情に、脱帽するものである。

早瀬利之（はやせ・としゆき）

１９４０年生まれ。鹿児島大学卒。

雑誌編集記者から「アサヒゴルフ」編集長。

後に作家・ゴルフ評論家。

ゴルフ関係では「右手、戸田藤一郎の生涯」「遥かなるスコットランド―井上誠一伝」「ジャンボ」（ネスコ・文春）、「杉原輝雄、もう一度勝ちたい」（河出書房）。

剣道関係では「タイガーモリと呼ばれた男」「気の剣―斎村五郎伝」「昭和の武蔵―中倉清の生涯」など。

第二回ミズノスポーツライター賞受賞。日本ペンクラブ会員。

遼、走る

二〇〇九年四月二九日　第一刷発行

著　者　早瀬《はやせ》利之《としゆき》
発行者　浜　正史
発行所　株式会社　元就出版社
〒一七一-〇〇二二
東京都豊島区南池袋四-二〇-九
サンロードビル二F・B
電話　〇三-三九八六-七七三六
FAX　〇三-三九八七-二五八〇
印刷所　中央精版印刷
装　丁　純谷祥一

ISBN978-4-86106-176-9　C0095